边界感
适可而止的艺术

少女猫 著

海南出版社
HAINAN PUBLISHING HOUSE

图书在版编目（CIP）数据

边界感：适可而止的艺术 / 少女猫著 . -- 海口：
海南出版社，2024. 12. -- ISBN 978-7-5730-2040-6
Ⅰ . C912.11-49
中国国家版本馆 CIP 数据核字第 2024MP5089 号

边界感：适可而止的艺术
BIANJIEGAN:SHIKE'ERZHI DE YISHU

作　　者：少女猫
策划编辑：许　许
责任编辑：朱　奕
印　　制：王　刚
封面设计：仙　境
印刷装订：运河（唐山）印务有限公司
版　　权：三得文化
出版发行：海南出版社
地　　址：海口市金盘开发区建设三横路 2 号
邮　　编：570216
电　　话：（0898）66819831
版　　次：2024 年 12 月第 1 版
印　　次：2024 年 12 月第 1 次印刷
开　　本：880mm×1230mm　1/32
印　　张：7.75
字　　数：200 千字
书　　号：ISBN 978-7-5730-2040-6
定　　价：52.00 元

序 言

为什么有的人走着走着就散了？

中国人为人处世一直讲究一个“度”，凡事过犹不及，多了少了都不好，这个“度”其实就是进退。

为人处世需要遵守尺度，否则就会违背万物和谐的定律。只是社会并没有设置非常明确的标准，当我们以自己为中心，按照自己的某种理解去说某些话，或者做某些事情的时候，稍微用力过度或者用力不足,就会对自己或者他人产生不良影响，有些人走着走着就散了，有些情处着处着就淡了……

你是否遇到过这样的情况？本来只是一面之缘的朋友，却没完没了地打探你的情况；老同学聚会本来热热闹闹的，有人却不停吐槽自己的糟心事；看见女同事的口红颜色好看，没有经过对方的同意，直接上嘴试色；总是让别人帮自己做事，而不顾他人是否在忙碌……诸如此类的事不胜枚举，生活中我们经常谈论的边界感其实就是进退意识。

有的人对于边界感的把控不甚准确，甚至模糊掉彼此的界限感，成了别人眼里不知进退的人。“世界的一切次序，在一定分寸上燃烧，在一定分寸上熄灭，凡事失了分寸，都可能往负面发展。”这是赫拉克利特流传下来的哲学名言。人与人之间的关系是很微妙的，分寸感是一种恰到好处的边界感。这种边界感包括不要逾越自己的本分，以自身喜好为基准来要求他人；设身处地地为别人着想，不要过度强人所难；明确各自的界限感，分清什么是自己的事，什么是别人的事……如此，原先的种种纠结，都会变得清晰明了。

每个人都是独立的个体，都有自己的小世界。无论是亲情、爱情还是友情的相处中，我们都喜欢和令自己舒服的人结交，而这种舒服恰恰就来自进退得宜的边界感。进退得宜并不是教我们冷漠和自私，相反地，是在教我们思考如何不疏离也不逾越，不亲密也不生疏，以更舒服又惬意的方式与人相处。

一个人如果能获得众人的肯定和支持，那么前景自然是不可限量的。

愿你成为这样的人，让人生所有的遇见，都成为一种美好。

目录

Part5 / 147

世界上不可能有人满足你所有要求

Part6 / 179

有边界感的父母，是孩子一生的福气

良性互补，建立双赢的人际交往模式

Part1

做一个厉害的人要有边界感

别在自己的主场丢盔卸甲

每个人都有属于自己的边界，边界之内就是你的主场。牺牲“领土”换取“外交”，今日割五城，明日割十城，只会让你丢盔弃甲。

生活中有很多缺乏边界感的人，我有个邻居就是这样。她有个爱好，总喜欢对别人家的事情指指点点，当着家长的面数落人家孩子的不是。她家里有个小姑娘，大概七八岁的样子。孩子们在下面玩，难免有点小矛盾，这本来是小孩子之间的事，她偏要横插一脚。只要自家孩子一“告状”，她就不分青红皂白，马上冲下去把对方痛骂一顿。不仅如此，她还要找到人家家长，说对方的孩子这里也有问题，那里也有缺点。碰到涵养好的，笑笑就算过去了，碰到脾气火暴的，立马就会爆发一场“战争”。时间一长，就没人跟小姑娘玩了。

小区的孩子都在附近的一所学校上学，时间一长，家长们就都熟悉了，经常聚在一起聊天。这位邻居总是“茶话会”的焦点人物，一会儿对这个家长说：“你家孩子有点太小气了，男孩子这样可不行。”一会儿又对另一个家长说：“你家孩子还敢犟嘴，现在不好好管，以后还得了？”当然，对其他家长说某某孩子“性格有问题，成不了大器”也是她的拿手好戏。

这位邻居就是典型的喜欢管闲事。无论是小孩子之间的矛盾，还是人家孩子的教育问题，都不是该她管的事，遑论指指点点了。

“管闲事”就是没有边界感的表现，也是很常见的。除此之外，生活中还有很多没有边界感、讨人厌的行为。我有个长辈很喜欢使唤别人干活。他家里种了不少地，平时还做点小生意，忙得不可开交。每次一有事就打电话找人帮忙，语气十分强硬。有一次给我打电话，我那天正好有事，就在电话里婉拒了。没想到，几分钟后他就冲到了我家，逼问我有什么事。找人帮忙，本来应该觉得不好意思才对。他倒好，理直气壮，好像你是他花钱买的机器人，给他做事是天经地义一样，不帮忙还成了你的不对了。

还好我立场足够坚定，不管他怎么说，我都说有事。没想到他见我软硬不吃，“逼宫”不成，当时便拿起电话，把家里的老人给“摇”来了。老人也开始站在道德高地指责我，说什么“都是一家人，他的事就是你的事”，什么“一家人要团结，不然别人看笑话”，什么“他是长辈，你得听他的”。这两种人，都是典型的强行索取，也是没有边界感的常见表现。

那么，到底什么是边界感，我们为什么会对这样的行为感到被冒犯呢？

亚里士多德说，想要深入了解一件事，就要先给它一个定义，只有这样才能从根本上理解它，再用自己的理解去解决问题。

在这里，我想用法律上的权利和义务来给边界感一个定义：边界感的本质在于对权利和义务的认知与尊重。每个人都有自己的权利和义务，而这些权利和义务划定了我们与他人交往时的界限。

权利指的是每个人都有自己的权利，包括身体的、心理的和社会的权利。这些权利不仅是法定的，也基于个人的尊严和自主性。例如，每个人都有权利决定自己的生活方式、交友圈子，选择自己的职业和兴趣爱好。

义务则是我们对他人和社会应尽的责任，包括对他人基本尊重、不侵犯他人隐私、不干涉他人生活等。履行这些义务不仅是为了他人的利益，也是为了维护自身的良好形象和健康的人际关系。

所谓的边界感，就是明确自己的权利，然后划分一条清晰的边界。同时，我们也要尊重别人划分的边界，不要侵犯他人的权利，这是义务的要求。

代入一下我那位邻居和长辈，权利、义务和边界感就很好理解了。

邻居的行为表明她并未意识到其他家长和孩子的权利。她插手孩子们之间的矛盾，并在没有充分了解事实的情况下指责其他孩子，这种行为直接侵犯了其他孩子和家长的权利。她试图通过“教育”他人的方式来展示自己的优越感，但实际上，这种行为只会导致她与小区里其他成员的关系不断恶化。时间一长，她的女儿也会因此受到孤立。没有人愿意与她的女儿玩耍，原因不仅在于孩子间的小矛盾，更在于她母亲的行为让其他家长和孩子对她敬而远之。

长辈的行为则更为直接和强硬。他在需要帮忙时，理所当然地认为他人的时间和精力是可以被他支配的。当我拒绝他的请求时，他不仅不尊重我的选择，反而通过“逼宫”的方式试图迫使我就范。这种行为本质上是一种强行索取，侵犯了他人自主安排自己时间和精力的权利。他的逻辑是“你是我的家人，所以你必须无条件地帮助我”，这种思维忽视了每个人都有权决定自己的行为，并且每个人的时间和精力都是有限的。

社会不欢迎“老好人”，整个现代社会都是建立在权利和义务的基础之上的，一个人能够做什么、不能够做什么都有明晰的标准。因此，当我们尊重自己的权利时，我们就能清晰地认识到自己的边界，并勇敢地捍卫这些边界；当我们履行应尽的义务时，我们就能理解并尊重他人的边界，不轻易侵犯他人的空间和隐私。

明确自己的底线

首先，我们需要明确自己的底线，知道哪些行为是自己绝对不能接受的。这个底线不仅是对他人的，也是对自己的。了解并尊重自己的底线，是建立和维护边界的第一步。

坚定自己的立场

在面对边界被侵犯时，我们需要坚定自己的立场。无论是对朋友、家人还是同事，我们都要有勇气说“不”，并清晰地表达自己的感受和需求。比如，当朋友过分干涉自己的私生活时，我们可以明确地告诉他：“谢谢你的关心，但这是我的个人决定。”

保持沟通和协商

建立边界并不意味着一味地拒绝他人，而是要在尊重和理解的基础上进行沟通和协商。我们可以通过友好的沟通，表达自己的感受和想法，同时也倾听对方的意见和需求，找到一个双方都能接受的解决方案。

自我反省和成长

在捍卫边界的过程中，我们也需要不断地自我反省和成长。通过反思自己的行为和心理，更好地理解自己，增强自信和独立。同时，我们也可以通过学习和实践，不断提高自己的沟通技巧和解决问题的能力。

每个人的内心都有一个属于自己的“主场”，这是我们内心最深处的安全感和自尊心之所在。无论面对怎样的挑战和压力，我们都要坚守自己的主场，不轻易妥协和退让。在这个过程中，我们不仅能够保护自己的权利和尊严，也能赢得他人的尊重和认可。真正的懂事不是一味地委曲求全，而是要在尊重他人和自我之间找到平衡。懂事的人可以体谅他人，但也要有自己的原则和底线，敢于表达自己的需求和感受。

请相信，真实的自己值得被爱。只有在真实的自我中，我们才能找到内心的平衡和幸福，也才能与他人建立起真正深厚的情感纽带。学会尊重自己的边界，勇敢地表达自己，才能在复杂的人际关系中游刃有余，过上更加自由和充实的生活。记住，千万不要在自己的主场丢盔弃甲。

当“懂事”变了质，便会一文不值

通过表面上和气、委曲求全换来的“懂事”，既委屈了自己，也无益于与他人关系的维护。

上个周末，我在微信上和一位读者聊了许久。

姑娘名叫张迪，她问我：“怎样才能做一个特别懂事的人？”

我立即回复道：“你可以懂事，但不必太懂事！因为太懂事，你会牺牲太多可以任意撒娇的机会，也失去了他人关心你的理由。”

或许有人会反驳这种观点，但诸多事实证明，太懂事的人大多数过得不幸福。

和朋友一起相处时，因为懂事你总是为别人着想，处处把别人放在重要的位置；为了不给别人带来麻烦，什么事情都一个人默默承受；为了照顾他人的情绪和感受，你从来不会无理取闹，也不会提什么过分的要求，总是小心翼翼；有了矛盾和冲突时，你一声不吭地放弃自己的利益去成全别人……

记得之前公司的一个女同事，就是这种特别懂事的人。每次聚餐她都会考虑大家的口味和喜好，自己明明不能吃辣，却为了成全同事选择辣菜，结果吃辣吃到胃疼；平时公司饮水机没水了，她都是自己默默地一个人去换，从来不给别人添麻烦；工作上遇到压力，她也不会排解，选择默默扛着。

有一次该同事连续加班三天，发起了高烧，大家建议她去医院检查一下，被她拒绝了，理由是怕耽误工作。那时的她已经有气无力但还是笑着说："没关系，我还可以坚持……"

女同事想着自己的努力终会得到大家的认可，可结果呢？同事们说她没有意见，没有观点，没有个性，老板对她更是没有印象，因为她的懂事连让老板一眼认出的辨识度都没有，怎么会混得好呢？这又何必？将自己搞得如此狼狈，谁也无法看到你内心的委屈与背地的付出，心里该有多么失衡。

"我将懊恼暗藏于心，一味地掩盖自己的忧郁和敏感，竭力把自己伪装成纯真无邪的乐天派，逐渐将自己塑造成一个滑稽逗乐的怪人。"

《人间失格》的这段话，便是现实生活中“懂事”的人的真实写照吧。

为什么会这样？因为懂事过了就是讨好，是压制自己的欲望，是迎合别人。一个人越是懂事，越是善解人意，越是逆来顺受，就越不会引起别人的重视，这就是人性。

懂事可以，但要适度，要有本事按照自己的想法生活，大胆说出自己的需求，敢于争取自己的利益，如此才能体会到一种更美好自由的生活！

从小时候记事开始，肖梅常听大人说的一句话就是“你要懂事”。

小时候，肖梅体谅家庭的经济状况。和爸妈出去逛街，看到喜欢的东西，明明很想要，看到妈妈没有要给自己买的意思，再喜欢肖梅都绕过去，因为要懂事。

再大些，因为是家里的长女，所以无论妹妹怎么玩闹，无论肖梅有多么生气，她都不可以骂她，并告诉自己：因为我是姐姐，要懂事。肖梅会默默学着消化那些不好的情绪，在打开门时微笑着对妹妹说：“我把我的糖果全部给你。”

为了变成不给父母添麻烦的孩子，肖梅不需要父母监督完成作业，不需要提醒复习考试。

……

可这种“懂事”真的好吗？肖梅一直以为这样的自己很成熟，却发现自己变得自卑、失去主见、缺乏安全感，而且和父母和妹妹的关系变得疏离，肖梅时常觉得自己是家里最不重要的那一个人。到了青春期的时候，压抑已久的肖梅开始叛逆，特别擅长顶嘴和摔门、反叛和逆行，把父母怼得哑口无言。

当在青春期刷足存在感，得到了自我认同之后，肖梅发现，这种“生病”的关系模式，都是懂事付出的“代价”。肖梅内心极度渴望父母的关注：“我希望他们也能看看我，哪怕只有一次。”肖梅也明白了，通过表面上和气、委曲求全换来的“懂事”，委屈了自己之后，却无益于与他人关系的维护。

是的，从心理学来说，太懂事的人总是习惯性先考虑别人的感受，而不是去表达自己的感受，甚至否认自己某些方面的需求。当需求一次次被剥夺时，留在内心的只有一次次的被抛弃。为了进一步保护自己，他们只会习惯性照顾别人，封闭自己，难以真正进入和维持一段良好的关系。

当肖梅明白这点时，也意识到忽略自己太久了。后来的肖梅开始变得自主，敢于表达。比如，大学毕业时父母曾在老家给肖梅找了一份“铁饭碗”工作，并安排她早早相亲，希望她能结婚生子，但肖梅坚持留在大城市打拼。周边的邻居私底下没少议论，说肖梅放着好好的工作不做，还一个人跑那么远，也不着急结婚，一点都不体谅父母的苦心，真是不懂事。

但这种不懂事，让肖梅变得成熟而强大，做着自己热爱的事业，过上了想要的生活。

你到底在想什么？你最真实的感受和想法是什么？改变懂事的想法，从照顾别人的习惯中走出来，学会一次次的自我反省，袒露出自己的感受和需求，多思考自己喜欢怎么做，而不是应该怎么做。放心，在一次次的认可之下，你的焦虑不安也会随之消失，这也是和自己的一次和解。

请相信，真实的自己值得被爱。

要有想法，但又不能想太多

人不能想太多，想多了人遭罪。心不能装太多，装多了心崩溃。

“社会和学校不一样，没人会拿你当孩子般宠着，更有人会利用你、伤害你。你要学会圆滑处世，见人只说三分话，千万不能任性妄为。”

“单位人多眼杂，关系复杂，关系不好处，一定要小心。一个不小心，就有可能被人揪个小辫子，让你哭都没有地方哭。”

“为什么我一进办公室，他们都不说话了？他们是不是在讨论我，是不是在说我坏话？”

……

生活中你是不是也经常感慨社会复杂、人心难测，会因为别人的一句话、一个动作，甚至一个眼神，就会联想脑补出一大段职场攻心计？

朋友苏娜总是容易变得不开心，不开心的原因我是略知一二的。同样是和朋友出去吃饭，普通人的想法是“我吃到了想吃的美食，好开心”。而苏娜会因为朋友的沉默而纠结：“是不是我做错了什么？”与其说是你善于思虑，其实就是想得太多。这样的人，在心理学中属于高敏感型。

高敏感型的人拥有活跃的想象力和丰富的内心世界，对于细节的感知能力也非常强大。但一旦这种敏感超过了客观情况的存在，取而代之的就是自己的胡思乱想，用自己想象中的“事实”去衡量当前实际问题。正如开头列举的那些例子，那么这种敏感就会对身心造成十分不良的影响。

几年前，我曾在一本杂志上读到这样一则故事：

一个哲人准备进行一项实验，他请来一位颇受众人尊重的数学家、一位被业界称为“拥有爱因斯坦头脑”的物理学家，还有一个小学尚未毕业的孩子，然后将他们一起关在一间密闭的房间里。由于房间是密闭的，里面完全漆黑一片，而哲人对这三个人的要求是，用最廉价、最快速的方法，把这个房间装满东西。

听到这一要求，数学家迅速找来尺子，开始丈量墙的高度和长度，然后仔细计算房间的体积，又苦苦思索能用怎样最廉价的东西把这间房间填满。物理学家也不甘示弱，他伏到桌上开始画房间的结构图，然后分析哪里是光照射的最佳方位，在哪堵墙的哪个位置开扇窗最合适，草图画了一大堆但他还是不能确定。而此时，那个孩子却找来一支蜡烛点燃，漆黑的房间一下子亮了，他快乐地跳起舞来。

同样一个问题，数学家和物理学家皱着眉头迟迟拿不出方案，一个孩子却轻松地解决了。

高敏感人士最应学会的，是停止内耗。

世界上许多事情是复杂的，但有时又是简单的。从头绪杂乱的生活中跳出来，从纷繁复杂的事务中走出来，不要妄自猜测，你揣摩我的想法，我怀疑你的心思，很多事情也不必烦琐地去思考，做一个心思比较单纯的人，你会发现与人交往会变得轻松简单，而且也很容易交到真心朋友。

喵姐是我曾经跟过的一位领导，她是一个超级理性、思维缜密的人，对行业有独特的见解，做事雷厉风行，工作上能独当一面，但是她待人接物的方式往往直截了当，有什么说什么，不会藏着掖着，没有丝毫的“迂回婉转”，更不懂“权衡利弊”。

虽然喵姐这种直来直去的做法好像不够“有手段”，不像日常界定的七窍玲珑的女强人形象。但是我发现，除了少数几个“看不惯”她的人，大部分人都愿意与之相处。因为不担心会被背后“捅一刀”，大家都喜欢和她说说话，放松自己绷紧的心。

“我不喜欢钩心斗角，更不喜欢假惺惺。我喜欢和真实的朋友在一起，不欺骗，不利用，不玩心计，不阿谀奉承！人际交往当中，两个人若能简简单单地交往，会发现整段感情会变得相对轻松，不会有太多的累赘。”说这话时，喵姐的眼神明亮，犹如那照耀在我身上的阳光一样耀眼。

不迎合讨好，不猜疑提防，真诚待人，努力做自己……这不是对人生的退缩，不是清心寡欲，而是清醒中的深刻，明智中的理性。

正如一位哲人所言：“生命如果以一种简单的方式来经历，连上帝都会嫉妒。”

那么，高敏感人士具体应如何自我调整呢？

首先，细致地观察自己。

一个人要想改变自己，首先要做的是，充分了解和认识自己。观察自己是在哪些时刻特别在意别人的感受，在意别人的看法，自己当下内心的想法是什么？看看真实的自己是什么样的。这件事到底是你的问题，还是他人的问题？只要找出隐藏在背后的原因，你的敏感度也就会随之降低。

其次，学会肯定和提高自己。

你为什么对于外界的信息过分敏感？往往源于内心的自卑感。接受无论怎样的自己，做好自己应该做的，至于其他的别人怎么看你怎么想你，就不要过分归因到自己身上了。当然，如果你觉得目前的你还不够好，那就努力去提高自己的价值，把不好的地方改正掉，加强那些带给你价值的优点。

最后，努力丰富自己的生活。

如果你平时容易胡思乱想，陷入敏感的思绪当中，这说明你的生活还没有充实起来。为了避免自己处于这样一种心理状况，你必须找点事情让自己忙起来，无论是看书，旅行，还是参加志愿者活动等，都能够丰富你的生活，丰富你的思想。你的视野，也就不会局限于生活琐事那么狭隘。

关系的质量取决于界限的力量，任何界限不明，缠夹不清的关系，都会让自己和别人无法喘息。你是不是经常摸不准这条边界？越早认清人与人之间的边界是生活原本的秩序，就能越早建立和谐的人际关系。

当你懂得设底线，你的善良会被更珍惜

生而为人，请务必善良。善良虽然是免费的，但并不廉价。善良虽然没有上限，但它有底线。

想必大家都遇到过这样的事情：满怀着一腔热情和友好，善意地向别人伸出援手，收获的却是不冷不热的回应，甚至变本加厉的折磨。

古话常说“好人有好报”，可这个真理为何总会失灵？此刻珂兰也正因此而困惑，她实在想不通，自己明明是好心帮人为什么最后还要被误解。上周，珂兰在街上遇到一位男孩，正在街上卖荔枝。珂兰平时不喜欢吃甜的，只不过看到男孩年纪不大，却在炎热的街上摆摊，有些同情，便不免多看了一看。谁知男孩居然叫住她，诉说自己趁暑假打工，可老板不发工资，现在卖水果又卖不出去，饿得已经没有力气说话了，说着说着

就掉泪了。

说实话，真拿不准这人到底说的有几分真，但珂兰还是动了善心，从钱包里拿出十元给他。结果，该男孩竟然嫌弃少了：“姐姐，这点钱能吃什么呀？我又不是乞讨的。”

这句话，真是让人内心五味杂陈。不过能帮别人倒是一桩善事，珂兰想了想，又从包里拿出二十元，一起递给了男孩。

男孩赶紧接过钱，一只手将钱揣进了裤兜里，另一只手拽住了珂兰。

“姐姐，你要是真的好心，就买些水果吧。”男孩嬉皮笑脸地说着，“这一袋子净重五公斤，都是当天采摘的，绝对好吃，五十元一袋。”

珂兰打开袋子看了看，里面塞满了荔枝树枝，而且明显感觉不够新鲜。这，明显是想骗人，于是她摆摆手说不要。

谁知，男孩居然拦住了珂兰。她稍微一挣扎，对方居然坐到了地上。

“姐姐，你怎么能打人呢？”

“小伙子，我根本没有动手。”

“不行，我腿疼，赶紧带我去医院。”

小时候，他们说要听话，做个懂事的小孩。
于是，
我学着照顾别人的情绪，
却忘记了自己内心的想法。
直到，
我明白，
与其在意他人不如在乎自己。

……

最后珂兰只好给了他六百元了事，事后得出一个结论，遇到类似事情，赶紧走。

为什么善良的人总会受伤？“好人有好报”是骗人的吗？当然不是。我始终坚信，“人之初，性本善”，善良是人最初的本能。我也始终觉得，以善良做底色，人生永远不会太差。

只是什么东西失了“度”都会变得不受控制，善良亦是。善良归善良，最重要的是拿捏好分寸。如果你的善良没有了底线，失去了尺寸，对方就会认为你的付出是理所当然，一再地碰触你的边界，你也就失去了防护。那么你的善良就成了帮凶，助长小人的嚣张气焰，纵容坏人作恶多端。

为什么大多数情况下善良的人总会受伤？正是因为毫无底线的善良造成了此等局面。

俗话说“升米恩，斗米仇”，这里指的并不是某一个人的心理变化，而是强调两个人在付出与回报之间都会有衡量的标准。毫无保留、不加限制地帮助一个人，施恩者的存在价值就会变得越来越低，因为人性贪婪，你倾心的付出养成对方无节制的索取，总有一天如果满足不了对方的欲望，就会埋怨于你。

善良是世间最美好的品性，却也是最需要智慧的品性。真正的善良，需要边界，需要底线。后来我发现，一个人越是善良，待人的底线就应越高。这样既能避免纵容他人，也能有力保护自己，比如同事欣雅。

部门新来的一位实习生，刚开始做不好PPT，甚至一些简单功能也不会用。想想自己初入职场时流的泪，我并不想难为她，觉得自己已经很熟练了，便打算抽点时间自己做，当时觉得自己好善良。但欣雅却直接甩出几个快速提升PPT能力的链接网站，说："不懂的东西就要学，这是最基本的道理。"

我曾质疑欣雅的不近人情，但她随后的一番言辞令我醍醐灌顶："你以为的善良是真正的善良吗？并不是，这是耽误了别人的成长！如果你一再帮忙，她不会的东西依然不会，可能会就此散漫下去，半年后、一年后就会被同龄人碾压，到时候，她不仅不会感激你，还可能会怨恨你。"

想想其中的道理，果真如此。

一位学妹大学毕业时，来到我们所在的城市。她左腿有点跛，行动不太方便，欣雅提前替她安排好住处，并推荐了几家公司让她打电话去应聘。

为什么不直接给她安排好工作，当时我有些不解，欣雅给出的理由是："如果我好心替她安排好一切，她就可能错过社会上的第一堂课，她没有尝试过找工作的不容易，没有体会过其中的挫折，以后也未必会多珍惜、多认真对待那份工作。"

学妹应聘了几家公司，如愿获得一份不错的工作。欣雅欣慰地说："找工作不是一件容易的事，你靠自身的努力证明了自己。你看，你不比任何人差，人只要努力，就不愁没未来。"

那一瞬间我发现，小姑娘眼睛中闪过一丝光亮，紧接着又露出坚定的目光。

我们的善良，必须有点智慧。授人以鱼不如授人以渔，对需要帮助的人不是一味给予，而是教会他们生存的能力；行善有所为有所不为，给自己一个明确的底线，讲规则和权利，而不要讲道德，也不要被带入道德逻辑里。如此，无论是给予或是接受给予，都会从心尖上淌出一股暖流。

善良，必须经得起人心的复杂；善良，必须经得起世态的炎凉。相信经过岁月的磨砺，你的善良不再无知无畏，而是充满智慧的尺度时，反倒可以游刃于人际，更从容地生活。

愿你我都能拥有这种善良，让生命闪光。

在宽容和纵容之间画一条线

宽容是有必要的，是必需的，但不是无原则的宽大，而应当是有限度的。

人际关系中存在种种概念，但这些概念大多是模糊的，也不容易区分开来。这需要依靠个人的经验作出判断，需要依靠自己的知识做出分析。

宽容就是一个非常普遍的概念，它的标准定义是宽宏有气量，对他人的过错不计较或不追究。这个定义相信很多人都知道，但是在具体落实的时候，很多人因为搞不清楚什么情况下值得宽容，宽容的程度是什么，宽容的场合与对方有什么具体要求。结果，常常将宽容和纵容混为一谈。

“我变成这样都是你害的！”这句话出自陆桥，唐望自幼一起长大的发小。

六月的天气很是闷热，唐望却感到浑身冰凉，凉意浸透骨髓，一直漫到心中。

陆桥家境不好，只读到初中一年级的他，早早辍学开始混迹社会，做过泥匠，也当过矿工，那段时间他过得很苦。每次过去看陆桥的时候，唐望总是变着花样买各种东西，整只的烧鸡、上等的水果、名牌的衣服……他不忍心看发小受苦受累，想着能帮一点是一点，何况他家里是不缺钱的。

一天，陆桥神色紧张地说，他出事了。唐望忙问什么事，陆桥说他偷窃厂里的钢材被发现了，领导要把他交给派出所处理。“你救救我吧，这些年跟着你奢侈惯了，养成了爱花钱的毛病，最近我手头有些紧，才想着偏门捞钱……”唐望觉得陆桥荒唐极了，但听了他的解释不禁动了恻隐之心。

唐望自掏腰包赔偿了这笔损失，并将陆桥带回自己公司。当时他正处于创业阶段，尽管尚未盈利，却大方地开出了八千元的高薪。很快，唐望就意识到陆桥能力不行，态度也不好，凡是重活累活总是能躲就躲，一遇到难题则是能逃就逃。但唐望重情义，便继续毫无怨言地给陆桥开着高薪。

有些人一翻身，就容易得意忘形，如陆桥。他在工作上不积极，对生活却有追求，抽好烟，开豪车，还学炒股，为此三番五次向唐望借钱。唐望不忍心看朋友失望，总是二话不说就转钱，后来还帮他申请了信用卡。人的欲望无尽，炒股的盈亏也无常，陆桥快意“江湖”，却导致债务缠身，生活举步维艰。

“如果你早些制止我，不那么纵容我，我也不会如此狼狈……我变成这样都是你害的！”陆桥语气中充满愤恨。唐望怎么也想不明白，自己如此倾情投入，为何换来的却是怨恨。

宽容不是无原则的宽大，而应当是有限度的。

有人第一次犯错，你安慰自己说：“没关系，他不是有意的。”

有人第二次犯错，你开导自己说：“可以理解，人难免出错。”

有人第三次犯错，你也选择原谅：“忘了吧，总要学着原谅的。”

渐渐地，有错的人意识不到自己的过错，连道歉和反思的表现都没有，甚至变本加厉、得寸进尺，如此，你的宽容就变成了一种变相的纵容。

人非圣贤，孰能无过。我们要学会宽容别人的过错，这是必要的，但对于不同的人、不同的事、不同的因素，是否宽容，有多宽容，要因时因事而调整。

比如，对于绝大多数无意犯错、知错就改的人，给予宽容是应该的；而对那些自以为是，不顾他人想法、屡教不改的人，则绝对不能心软，否则反而会助长对方的劣性。明知这件事是错误的，还要去做，比如刻意地犯错或伤害他人，或者违反公共道德和法律法规的行径，同样没有必要宽容。

无论何时，宽容的作用应该是正向的，通过宽容使人改正错误、修正方向、弥补过失，这是一种建立在原则上的适度宽大。当发现宽容是以制造更多的伤害或者带来新的伤害作为代价时，那么就需要立即改变宽容的态度，适当使用强硬的表达和行动，以及强制性的手段进行约束和惩罚。

刘扬的老公因为工作不顺心情不好，这天他喝了酒，居然对唠叨自己的刘扬动了手。虽说刘扬不是娇生惯养的女孩，但这样的委屈哪个女人愿意受，于是她找公婆哭诉。结果，公婆却苦口婆心地劝说刘扬："夫妻吵架很正常，你对他耐心一点他会改的。""我儿子脾气不好，你别和他一样。"……

事后，老公也在刘扬面前懊恼地痛骂了自己，还说，"以后再也不会这么糊涂了""要加倍地对你好一些"，又痛彻心扉地请求原谅。

面对老公的一番忏悔，刘扬心软了，满心欢喜地跟着回了家。但很多事情往往有一就有二，自从第一次打了刘扬后，后来老公常因为一些小事出手，并且出手一次比一次重。刘扬哭过、闹过，毫无例外的是每次老公对她又忏悔不已、又请求原谅，于是刘扬又心软，又重新回到“狼”的身边。

于是，事情一直这样恶性循环着。终于，在犹如炼狱的轮回中，刘扬实在无法忍受。当老公再一次将拳头挥过来时，她毅然拿起手机拨打了 110 。

警察来了以后，对刘扬老公进行了批评教育，并要求他向妻子道歉。

刘扬并没有接受道歉，而是要求警察做下笔录，并提出了法律诉讼。警察让刘扬老公签字的时候，那个刚才还气焰嚣张的男人居然老老实实，手都是抖的。

从此以后，这个男人再也没有对刘扬动过手，连吵架都很少了，因为他知道，下次再动手，自己不但会失去老婆，还可能面临牢狱之灾。

“其实他第一次动手时，只是为了试探我，看看我的反应，我的底线在哪里。”事后，刘扬颇为感慨地说，“因为他的两滴眼泪和几句表白，我就轻易地选择了宽容，却暗示了他，我是一个愿意忍受暴力的人，而他则把自己当成可以用暴力解决问题的人，推动了暴力事件的频发。”

宽容是原谅对方无知的过失，纵容是原谅对方无耻的累犯。

我们的生活需要宽容，但宽容要看跟什么人，看是什么性质的事件。在宽容和纵容之间画一条线，如此才会让别人心有敬畏并尊重你。

Part2 与人交往就是与他的防御机制交往

往深了来说，社交距离就是防御机制

社交距离是社交礼仪的基础。“远之则怨，近之则不恭。”人与人之间，只有保持适当的距离，才是最好的状态。

礼仪是个很有趣的东西，尤其是中国古代的礼仪。孔老夫子说：“不学礼，无以立。”又说：“礼者，敬人也。”礼仪的本质就是对别人的尊重。

拿古人见面时经常用的揖手礼来说，标准的做法是：站立时身体要保持端正，面带微笑，显示出对对方的尊重。将双手放在胸前，左手握拳，右手轻轻包住左拳。双手合抱在胸前之后，身体微微前倾，表示对对方的尊敬。这个姿势要保持几秒钟，以示礼仪到位。在这个过程中，眼睛可以注视对方，但不要直视眼睛，以示谦逊。完成揖手礼之后，身体直立，双手自然放下。如果对方回礼，可以再次微微点头致意。

揖手礼的重点，就是表示自己没有攻击性。左手在前，右手在外，是因为大多数人都是“右撇子”，不能用左手发动突然袭击。不要直视对方的眼睛，为什么是没有攻击性的表现呢？因为在远古时代，人类作为狩猎者，需要直视猎物，以密切观察其动作，判断其行为和动向。这种直视的目光传达了紧张、集中注意力和准备捕捉的信号。在与猎物对视时，人类展示了自己的狩猎意图和潜在的攻击性。因此，直视往往代表着一种主动进攻的姿态。

我们日常生活中的很多礼仪，都能从远古时期找到根源。低头表示谦逊和顺从，在动物界，低头也是一种表示服从和减少敌意的姿态，因为这样不会露出獠牙。张开双手、展示手掌是表示自己没有武器，没有攻击意图。现代社交中的开放肢体语言，如张开双臂、面带微笑，也是类似的表示友好的方式。握手礼源于展示手中没有武器的古老习惯，这个动作传达了信任与友好，是一种互相保证和平的象征。

所以，我们可以得出结论：社交距离作为一种防御机制，其本质是通过调整与他人的距离，来达到自我保护的目的。当我们感到不安全、被威胁或情绪压力过大时，我们会通过增加与他人的距离来缓解这种不适感。这种距离不仅仅是物理上的，也可以是心理上的，例如，减少沟通、保持冷漠等。相反，当我们感到安全、被信任或情绪舒适时，我们会减少与他人的距离，表现出更多的亲近和信任。这种距离的变化，是我们内心安全感和信任度的“晴雨表”。

防御机制是心理学中的一个重要概念，最早由精神分析学派的创始人弗洛伊德提出。弗洛伊德认为，防御机制是一种无意识的心理过程，用于减轻个体面对内心冲突、焦虑和压力时的痛苦。我们在日常生活中所设立的社交距离，便是一种典型的防御机制，通过调整与他人的距离来保护自己。防御机制有很多种类，包括压抑、否认、投射、合理化等。每一种防御机制都有其独特的表现方式和功能，而社交距离则是这些防御机制在社交中的具体表现。

社交距离不仅仅是指物理上的距离，如我们在公共场所与陌生人保持一定的空间距离，更是心理上的一种距离感。这种心理距离可以通过我们的言语、行为、表情等方式表现出来。

比如，在与他人交往时，适当的身体接触，如握手，是一种基本礼仪。但过多或过于亲密的接触，如拥抱、拍肩，则可能让对方感到不适。有些“自来熟”的人，总喜欢拍别人肩膀，跟人“勾肩搭背”，这其实就是突破了正常的社交距离。

再比如，说话的音量、语速和内容也可以影响心理距离。大声或快速说话可能给人压迫感，而适中的音量和缓慢的语速则能传达出平和与尊重。不太熟悉的人问隐私问题，也是突破社交距离的表现。这就是为什么被“七大姑八大姨”问收入，问感情状况时，我们会感觉到不适。

根据人类学家霍尔（Edward T. Hall）的理论，社交距离可以分为四类：

亲密距离：0—0.5 米，这个距离一般留给最亲密的人，如伴侣、父母、孩子等。

个人距离：0.5—1.2 米，这个距离适用于朋友、同事等较为熟悉的人。

社交距离：1.2—3 米，这个距离适用于一般的社交场合，如与同事开会、与陌生人交流等。

公共距离：3 米以上，这个距离适用于演讲、教学等公开场合。

有人可能会说，这个社交距离的把握也太过精确了，难道我们平时出门都要带着尺子吗？其实不然。对于社交距离的把控，根植于我们的潜意识中，是一种下意识的行为。我们在与人交往时，很少会刻意去计算与他人的距离，而是依靠潜意识和社交经验来进行调整。一旦对方突破适当的距离，就会引起我们的不适感。

在不同的社交情境中，我们会自觉地根据对方的身份、关系的亲疏、场合的不同等因素，来调整与对方的距离。这种调节过程，是我们的防御机制在发挥作用。例如，在与陌生人初次见面时，我们会保持一定的社交距离，避免过于亲密，以保护自己的隐私和提高安全感。而在与亲密的朋友相处时，我们会减少这种距离，表现出更多的信任和亲近。这种距离的调节不仅仅是为了保护自己，也是为了给对方留出足够的空间和尊重。

社交距离的建立与维护

建立和维护适当的社交距离，是一项需要不断学习和练习的技能。

自我认知：了解自己的需求和底线，明确自己在不同社交情境中的舒适距离。这需要我们对自己的情感和心理状态有清晰的认知，能够识别和表达自己的感受和需求。

沟通与表达：通过有效的沟通，表达自己的边界和需求。例如，当我们感到不适时，可以坦诚地告诉对方：“我想一个

地铁里，很多人挤在一起。正常。

地铁里，有很多座位。进来一个陌生人，他却挨着你坐。奇怪。

人待一会儿。”

尊重与理解：尊重他人的边界和需求，理解他人的感受和立场。例如，当他人表达需要空间时，我们要尊重他们的选择，不强行干涉或逼迫。

灵活调整：根据不同的情境和关系，灵活地调整与他人的距离。例如，在亲密关系中，我们可以适当减少距离，增强亲密感和信任度；而在陌生人或工作关系中，我们可以适当保持距离，保护自己的隐私和安全。

社交距离是我们在日常生活中不可忽视的一个细节。它不仅影响着我们的社交体验，也在很大程度上决定了人际关系的质量。虽然我们不会刻意去计算与他人的距离，但通过长期的社交经验和文化习惯，我们在潜意识中已经形成了一种合适的距离感。这种距离感帮助我们在不同场合中，自然地调整与他人的距离，从而建立起良好的人际关系。

学会把握社交距离，是一种重要的社交技巧。它不仅体现了我们对他人的尊重，也展示了我们的社交智慧。在复杂的社交场合中，掌握适当的社交距离，可以让我们更加从容、自信地与人交往，建立起更为和谐、舒适的人际关系。

不惊扰别人的宁静，是一种慈悲

宁静是一种宝贵的状态，它不仅仅是外在环境的安宁，更是内心的一种平和。每个人都需要通过宁静来平衡生活中的压力和烦恼。不打扰是一种修养，不惊扰是一种慈悲。

在挪威的某个小渔村，渔民们世代以捕鱼为生。这里的沙丁鱼特别肥美，深受市场青睐。然而，渔民们一直面临一个棘手的问题：在长途运输沙丁鱼的过程中，这些鱼往往会因缺乏氧气和活动空间而死亡。每次出海归来，渔民们总是对着一桶桶的死鱼叹息不已。

村里有个名叫埃里克的老渔民，尤为感到苦恼。埃里克的家族几代人都以捕捞沙丁鱼为生，他深知这些鱼对村子的重要性。一天，他坐在码头边，看着湛蓝的海水，想着如何才能让沙丁鱼在运输过程中活下来。这时，一条鱼忽然游了过来，在他面前的海里追着其他小鱼左冲右突，上蹿下跳，玩得不亦乐乎。

埃里克灵机一动，或许可以利用鲇鱼的活泼天性来激活沙丁鱼，让它们保持活力。说干就干，埃里克决定做个实验。他在运输沙丁鱼的水箱里加入了几条鲇鱼。第一天出海归来，埃里克的小船装满了沙丁鱼和鲇鱼。他心里既期待又紧张，不知道这个实验会有怎样的结果。船靠岸后，他迫不及待地打开水箱，发现大多数沙丁鱼依然活蹦乱跳，而不是像往常那样奄奄一息。

原来，鲇鱼天生活泼好动，它们在水箱里不停地游动，追逐沙丁鱼，会迫使沙丁鱼也不得不保持警觉和活跃状态，避免因缺乏活动而窒息死亡。埃里克的实验成功了，沙丁鱼的死亡率大幅降低。后来，大家把这种现象称为“鲇鱼效应”。

站在渔民的视角，鲇鱼的存在能够带来经济回报，是个了不起的发明。然而，站在沙丁鱼的视角，鲇鱼的存在却如同悬在头顶的“达摩克利斯之剑”一样，随时都会落下取走自己的性命。

很多时候，很多时候，我们的立场就决定了我们看待世界的角度和得出的结论。想象一下，把几十个人关进铁笼中，再放进去几只猛虎，让老虎一直追着人跑，这就是水箱里沙丁鱼面临的处境。这种方式，固然能够使人保持运动与活力，但更多的是精神紧绷，身心疲惫，如临深渊，时刻被死亡的阴影笼罩，疲于奔命。

猛虎是看得见的威胁，能够让人心惊胆战，目眦尽裂。但大多数时候，我们身边充斥的，都是那些看不见的“猛虎”。从生活的压力和精神压力来讲，这些“猛虎”可能比真正的猛兽更具毁灭性。比起直接伤害，它们更喜欢用“温水煮青蛙”的方式，在无形中摧残我们的身心。工作中的竞争、学习中的考试、人际关系中的矛盾、生活中的变故，无时无刻不在考验着我们的心理承受能力。

职场上，我们面临着工作任务的繁重、竞争压力的加剧、职业发展的不确定性；在学业上，我们承受着学习压力和考试压力，为了取得好成绩而日夜奋斗；在人际关系中，我们面对着来自家庭、朋友、同事等各方面的期望和要求，压得人喘不过气。

曾经在某社交媒体上看到一段话，这段话引起了无数人的共鸣。一位中年男性博主说，他每次回家之前，都要在离家不远的小亭子里坐上几分钟，什么也不想，什么也不做，就是静静地坐着。成年人的世界没有容易二字，所有人都是。

每个人都在扮演社会、亲人和家庭赋予自己的角色，并竭尽全力想要把这个角色扮演好。在职场上，我们想要成为一个出色的领导者，一个高效的执行者，或者，至少是一个合格的团队成员。我们拼命努力，想要升职加薪，在无数个清晨与夜晚披星戴月。

在家庭中，我们想要成为一个负责任的父母，一个体贴关爱的配偶，或者一个家庭的支柱。我们努力工作，为了给家人提供更好的生活条件；我们关心关爱，为了让家人感受到温暖和幸福；我们承担责任，为了让家庭和睦和谐。我们每天都在为了家庭的幸福而努力奋斗，尽最大努力去实现家庭的美好愿景。

然而，我们不是机器，而是有血有肉的人。在生命中的某些时刻，我们需要卸下所有他人赋予我们的身份，去真正地回归本心，在宁静中寻找自己。

正如那位中年男性博主所说，有时候我们需要停下脚步，静下心来，远离喧嚣，独自一人静静思考。这样的时刻，是为了让自己放下所有的身份和角色，去感受内心深处的宁静和平静。在这个时刻，我们可以不受任何外界期望和压力的干扰，不用承担任何身份和角色的束缚，真正地做回自己。这种归于内心的时刻，让我们能够更加清晰地认识自己，审视自己的内心世界，感受内心的声音。

人为什么需要放空呢？让我们回归到人的本源，站在心理学的角度来探讨一下这个问题。

人的认知资源是有限的，这是认知心理学的基本观点之一。认知资源指的是大脑用于处理信息和执行任务的心理资源，包括注意力、工作记忆、逻辑推理等方面。这些资源在处理信息时会受到限制，超出这一限制就会导致认知负荷过大，影响认知功能的正常运作。

认知资源有限的概念可以通过多种实验证据得到支持。例如，心理学家在注意力研究中发现，人们的注意力是有限的，不能同时关注过多的信息。在注意力分配任务中，当需要同时执行多个任务时，每个任务所占用的注意力资源就会相应减少，导致任务执行效率下降。此外，工作记忆的容量也是有限的，人们只能同时记忆和处理有限数量的信息，超出这一限制就会导致记忆和思维混乱。

我们可以设想一个场景。当你漫无目的地在马路上行走时，几乎不会注意路过的行人和车辆。但是，当你需要在路上找人时，就需要集中精力，注意每一个过往的行人和车辆。这是因为你主动调取了认知资源。

在繁忙的日常生活中，人们面对着大量的信息和任务，需要不断地处理和应对。这会导致认知负荷的增加，使得大脑长时间处于高度紧张和疲劳状态，而放空的本质，就是调节认知负荷，为大脑提供休息和恢复的机会。

在我们纷繁复杂的生活中，人与人之间的关系千丝万缕。有时，我们会因为一些无心之举，扰乱他人的宁静。而这种打扰，往往不是因为恶意，而是因为缺乏对他人感受的理解和尊重。正如古人所言："已所不欲，勿施于人。"不惊扰别人的宁静，实际上是一种慈悲，是一种对他人基本权利的尊重，也是我们修身养性的一部分。

宁静是一种宝贵的状态，它不仅仅是外在环境的安宁，更是内心的一种平和。每个人都需要宁静来平衡生活中的压力和烦恼。当我们尊重他人的宁静，我们实际上是在尊重他们的生活方式和心理需求。宁静不是奢侈品，而是一种基本的生活需求，是每个人都应该享有的权利。

打扰他人往往是无意识的行为，可能是因为我们自身的需要或欲望，而忽视了他人的感受。例如，深夜里大声播放音乐、公共场所大声喧哗、未经允许就进入他人的私人空间等，这些行为都是对他人宁静的打扰。这些打扰不仅仅是物理上的，也可以是心理上的。例如，在别人工作或休息时频繁打电话、发信息，或是在社交媒体上不断评论和私信，都是对他人心理宁静的侵扰。

打扰与宁静的对立，实际上是自我需求与他人权利之间的冲突。当我们不顾他人的感受，强行打破他人的宁静时，我们的行为就成了一种侵扰。

不惊扰别人的宁静，是一种慈悲。这种慈悲不仅是对他人权利的尊重，更是对他人感受的体察和理解。通过尊重他人的宁静，我们可以更好地与人相处，建立和维护健康和谐的人际关系。同时，这种行为也是我们提升自我修养，追求内心平和的一部分。

愿我们在纷繁复杂的生活中，始终保持一颗慈悲心，不惊扰别人的宁静，用我们的善意和关爱，创造一个更加和谐美好的世界。

有些事，你不理解，但要尊重

“君子和而不同，小人同而不和。”对于自己不理解的事物，最好的办法就是怀有一颗包容之心。

网上有一句戏言，自从有了网络，除了“鬼”没见过，什么都见过了。当初互联网刚诞生时，有人曾经预言，网络能够让人见识到更广阔的世界，获知前所未闻的知识，领略各种各样的风土人情。从远古文明的神秘遗迹到现代科技的最新成果，从世界各地的美食文化到异国风情的绮丽景致，互联网以其无与伦比的力量，为人们开启了一扇通往无限可能的大门。

然而，事实上，随之而来的并不仅仅是知识的丰富和视野的开阔，还有鱼龙混杂，真假难辨，更严重的是，网络让人们更加极端化了。不同观点的人，在网上经常争得面红耳赤，用最恶毒的语言，最无下限的谩骂，想要在语言的“对轰”中占据绝对高地，甚至发展到线下“真实”。

这些争执，有时候是关于明星的。粉丝们喜欢某个明星，会自发成立后援会，在网上高强度搜索自家“哥哥姐姐”的信息，一旦发现负面言论，就会第一时间组织人手展开攻击，维护自家偶像的声誉。有支持者就有反对者，明星们的支持声量越大，反对的声音也就越多。这部分人一般被称为“黑子”。于是，粉丝与“黑子”之间的战斗便开始了。

“哥哥”新剧上映，粉丝们大呼“哥哥太帅了”，“黑子”们立刻嘲讽“古装丑男”。“哥哥”发新歌，粉丝们大呼“哥哥天下第一”，“黑子”们立刻表示“哥哥唱歌像撒娇”。

这一类的争端，本身并没有是非对错可言，只是喜欢与不喜欢的区别。俗话说：“各花入各眼。”针对同样一个人或同类事物，有人觉得好，有人觉得不好，这无可厚非，喜欢本身就是一件很主观的事。

王阳明《传习录》中有个很有意思的小故事：“先生（指王阳明）游南镇，一友指岩中花树问曰：‘天下无心外之物，如此花树在深山中自开自落，于我心亦何相关？’先生曰：‘你未看此花时，此花与汝心同归于寂；你来看此花时，则此花颜色一时明白起来，便知此花不在你的心外。’”

岩中的花树虽在深山中自开自落，却承载着人的心境。王阳明说，当我们未曾观察这花树时，它与我们的心一样寂静，没有任何关联。但当我们前来观赏时，花树的美丽与色彩瞬间显现，使我们的心也因之而感知、而动容。这段对话意味着，外在世界的景物并非孤立存在，而是与我们的心境息息相关。

也就是说，同样一颗种子，在不同人心中会开出不同的花。也正因如此，世界才变得如此丰富多彩。

为什么互联网没有带来更加开放和平和的环境，而是带来了更多争端呢？传播学上有个概念叫“信息茧房”。

信息茧房是指在互联网时代，人们在网络上获取信息的过程中，往往会选择接触和认同那些与自己观点相符的信息，而忽略或拒绝接触那些与自己观点相左的信息的现象。这种信息获取的方式导致了人们被困在信息茧房中，只能接触到某种特定类型或观点的信息。

许多互联网平台都采用个性化推荐算法，根据用户的历史浏览记录和兴趣爱好，向其推送与其偏好相符的内容。这种个性化推荐虽然提高了用户体验，但也使用户更容易陷入信息茧房，只看到符合自己观点的信息，而忽视其他观点的信息。

在社交网络中，人们往往与具有相似观点和背景的人群形成社交圈子。在这个圈子里，人们更容易接触到与自己观点相符的信息，而很少受到挑战或质疑。这进一步加剧了信息茧房的形成。

人们在互联网上获取信息时往往会选择信任的、已知的信息源，而忽视那些不同观点的信息源。这种选择性偏好使人们更容易被困在信息茧房中，难以接触到多元的观点和信息。

信息茧房的存在导致了社会上的信息孤岛化现象，不同群体之间的交流和理解变得更加困难。人们往往只接触到与自己观点相符的信息，对其他观点缺乏了解和认识，容易产生偏见和误解。这进一步加剧了社会上的分裂和对立，导致了更多的争端和冲突。

我们再对“信息茧房”做进一步深入分析。计算机处理信息的方式是模拟人脑的思考过程，换句话说，人类大脑处理信息的方式，和计算机在本质上是相同的。人类也会受到认知偏好、情绪影响和社会认同等因素的影响。例如，人们往往更愿意接触那些与自己观点相符、情感认同的信息，因为这样可以给予他们认知上的安慰和情感上的满足。而对于那些与自己观点相悖、情感冲突的信息，则可能会引起认知不适和情感焦虑，从而被人们主动回避或排斥。

还有一个很关键的因素，社会认同也是影响信息茧房形成的重要因素之一。人们往往更倾向于接触那些与自己所属社群、群体观点一致的信息，因为这样可以增强他们的社会认同感和归属感。而与自己社群观点相悖的信息则可能会被人们视为“异类”或“敌对”，从而被排斥或孤立出去。

在这种情况下，我们很容易对不符合自己认知的人或事物天然排斥，产生反驳的冲动，这就是冲突产生的根源。

我有个亲戚，是个很传统的人，她最喜欢做的事就是劝小姑娘结婚，劝新婚夫妇生孩子，劝一胎家庭生二胎。在她自己看来，这都是“为别人好”。因为在她的认知中，结婚生子是天经地义的事。只有生了孩子，人生才是完整的，生活才有了最终的保障。然而，她忽略了最关键的问题：世界上没有两片相同的叶子，也没有两个完全相同的人。“汝之蜜糖”，很有可能是“彼之砒霜”。

人的认知，受到文化、社会背景和个人经历等多种因素的影响。在传统观念下，结婚生子被视为人生的重要里程碑，是社会认同和家庭责任的象征。然而，随着社会的发展和个人观念的多元化，人们对于婚姻和生育的态度也在发生变化。有些人选择延迟结婚生育，追求个人事业和生活品质；有些人选择不结婚不生育，追求自由和独立的生活方式。

人们常常陷入信息过载的困境，难以甄别虚实。在这个看似无边无际的网络空间中，人们或许已经见识过各种各样的奇闻逸事，但又有多少是真实的，又有多少是虚幻的，这或许只有时间和经验才能告诉我们答案。

在我们的生活中，常常会遇到一些我们不理解的事、行为或观点。面对这些不同，我们可能会感到困惑不解，甚至产生抵触情绪。然而，在多元化的社会中，尊重他人的差异和选择，是我们应有的基本态度。理解并不总是必要的，但尊重是每个人都应具备的美德。

孔子说："君子和而不同，小人同而不和。"尊重是一种强大的力量，它不仅仅是对他人权利的承认，更是对人类多样性的认可。尽管我们不能理解每个人的行为和选择，但我们可以选择尊重他们的权利和尊严。尊重，是一种智慧，是一种美德，是我们每个人都应该具备的基本素养。

异性相处，没了分寸，就是性骚扰

异性之间存在纯友谊吗？答案是肯定的，但前提是要有界限感。

男女之间存在纯洁的友谊吗？在回答这个问题之前，我们首先需要了解什么是“异性友谊”。

关于异性友谊的定义，心理学上认为这是异性之间由于密切的社会交往而形成的一种社会关系和情感联系。基于同性相斥、异性相吸的原理，每个人都会有一两个关系很好的异性朋友。相较于同性朋友，我们往往更强调精神层面的交往，看重异性朋友的个人思想、魅力以及三观等。

但也正是因为异性相吸原理，异性友谊是一种不太稳定的人际关系，也没有非常明确的社会规则，维系柏拉图式的异性友谊尤为艰难。倘若对彼此关系定位混乱以及对异性吸引无效管控时，友谊的小船说翻就翻。

和同事聚餐。正常。

男的吐槽：“我女朋友特别作，邋里邋遢，她要是跟你学一下就好了。”危险。

“我光明正大的，凭什么被冤枉？”

学妹刘韵是个学广告的女生，平时性格大大咧咧。当她说出这句话的时候，是带着怨气的。她所在的部门最近新来了一位 90 后男同事，年纪小，也没有经验，刘韵主人翁意识强烈，于是好心提携新同事，再加上两人都喜欢周杰伦，相处的时间便多了。没想到，等来的不是革命友谊，而是流言蜚语。

更糟糕的是，男朋友也要和刘韵分手。“是不是全天下的男人都喜新厌旧，只要把你追到手就变心了……”刘韵质问。

“真的是我变了心吗？”男朋友深叹一口气，和刘韵解释道，“你明明是有男朋友的人，还和别的异性朋友一起单独吃饭，说说笑笑，在微信上互说晚安。你说你们只是关系好，谈得来，但是在我眼里，这些是情侣之间才能做的事情。”

如此看来，刘韵真的不冤枉。异性之间当然存在纯友谊，但前提是懂得进退，掌握分寸。对于有了另一半的人，不管是不是已婚身份，和异性朋友交往时，有的事是不能随便做的，有的玩笑也不能随便开，即使关系再好也不能越界，否则很容易让人产生误会。

异性交往需要懂得进退，拿捏分寸，这是维系异性友谊的艰难点，也是友情破裂的关键处。那么具体应该掌握哪些分寸呢？

保持适当的距离

对于异性朋友，一定要保持适当的距离，最好不要单独相处，联系也不要过于频繁。这样做既不容易让人误会，也有利于维持双方的关系。我们都知道，爱是由喜欢变成的，而喜欢是由日复一日的习惯养成的。过于频繁的联系，过多地干预对方的生活和决定，时间久了就变成了一种依赖。

避免亲昵的话语

异性朋友无论多么要好，都要恪守朋友之间的礼仪，不要说过度亲昵的话语。可能你平常大大咧咧，喜欢开玩笑，但是在有异性的时候一定不要开太过的玩笑，尤其是不要涉及男女之间的私密话题。一旦让对方误会，就有两种结果，一种是误解你有不一样的感情，另一种是慢慢地疏远你。

切勿有亲密接触

异性好友之间的交往，心灵上的沟通就可以了，我们可以思想上有共同点，对待事情有相同的看法，切勿有过度的肢体接触，比如挽手、抱抱或是摸头杀之类，甚至做出比情侣之间还要亲密的举动。过度亲密的肢体接触，很容易撩拨到异性好

和同事开会，圆桌会议。正常。

女同事坐在电脑前，男同事围绕着女同事。有失分寸。

友，让对方的内心产生不该有的“波澜”。

异性相处容易发生“性骚扰”，尽管人们对于“性骚扰”没有明确定义，但其中便包括过分的肢体动作、暧昧的对话、不适当的玩笑等。在“性骚扰”这件事上，我们可以这样划分，除了女方主动握手之外，两者之间应该没有任何身体接触及越轨的言语。这条线表面听着严厉，却非常安全。

“男女授受不亲”是我们熟悉的一句口头语，在这里，“授”是给予，“受”是接受，“亲”是肢体接触，意思是男女在一起要止乎礼，有所矜持。

出言有尺，嬉闹有度，做事有余。相信当你有了这些分寸，就能真正做到洁身自好，不给他人造成不适感，赢得一段天长地久的友情！

如何规避毁人于无形的流言蜚语

流言蜚语有着强大的力量，想要树立起好的社会形象需要长期的努力，而利用流言蜚语毁掉良好的社会形象却只需要短短几天。

人是社会性动物，完全离开他人生活将变得无比艰难，树立好的社会形象则能在各种场合事半功倍。

如何规避掉流言蜚语的伤害，甚至将流言蜚语变成自己的助力呢？

夏妍刚刚成为部门经理，还没来得及为升职庆祝，就陷入深深的烦恼。她不是部门中业绩最好的，不是部门里资历最老、经验最丰富的，为什么升职的机会就落在了她头上呢？领导告诉她，她做事踏实，年轻有潜力，选择她是有着充足理由的，但部门里的其他人却不这么想。

有人说夏妍是公司董事的亲戚，有人说夏妍贿赂了上层管理，还有人说夏妍背地里经常说其他竞争者的坏话。久而久之，部门里流言乱飞。不仅针对她升职这件事情，关于她之前的经历、个人生活，都有各种各样的猜测。

夏妍没办法好好工作，她的神经敏感到了极致，不管是在工作时间还是午休，只要看到有两个同事在低声说着什么，她都觉得是在谈论自己。注意力不能集中，工作就经常出错。要是解决不了这个问题，要不了多久就要回到原本的岗位上去了，那就更加坐实那些难听的流言了。

于是，夏妍迅速调整心态，重新看待这些流言蜚语。为什么会有针对自己的流言蜚语？为什么这些流言蜚语没有发生在其他人身上？答案很简单，她与他人是不同的，所以大家的关注点才会落在她的身上。夏妍年纪更小，做事踏实，又成了部门经理，这样优秀难道不值得关注吗？所以，这些流言蜚语从侧面来说，也是一种对自己优秀的肯定。

对工作造不成影响的流言，只要不太难听，大可放任自流。而那些影响到工作的流言，夏妍就有足够的时间将其澄清了。

计划做好了，夏妍马上就行动了起来。她开始越来越多地与同事互动，有意无意地介绍了自己的家庭状况，从侧面证明自己与公司董事没什么关系，也拿不出什么钱贿赂领导，甚至都没跟领导见过几次面。说别人坏话？哪有那个机会，能多碰见领导几次不如好好推销自己。

同事的窃窃私语也不再让夏妍焦虑，不被人妒是庸才，只要不影响工作，管他们怎么说呢。带着这样的心情，她甚至产生了更多的自信，更加相信自己的未来，工作也更得心应手了。更让她没有想到的是，那些她没有时间去处理掉的小流言，不仅没有破坏她的人际关系，反而让她成了更受欢迎的人。

完全避开流言蜚语？这是个美丽的想法，却几乎不可能实现。特别是你有想在职场中实现的理想与抱负，想要升职加薪，一点流言蜚语都不落在头上是不可能的。但是，想要避开流言蜚语的伤害，却并不困难。

在流量时代，最好、最快、最野蛮的成长方式就是流量。黑红也是红，流言蜚语也是关注度。被人关注是什么糟糕的事情吗？显然不是的。被关注的人，自然有值得被关注的原因。心理学效应中的霍桑效应，就极好地阐述了关注能为人们带来什么。

霍桑效应阐述了自我激励这一办法，当人们得到更多关注时，就会认为自己是与众不同的，是更加优秀、更有潜力的。

这样的自我激励能带来更快的提升，在工作上做出更好的成绩。因此，面对流言蜚语不要害怕，不要因为流言蜚语的困扰不断为难自己，甚至毁掉自己。在没有流言蜚语的情况下，我们甚至可以通过社交办法为自己博得一些关注，用来增加工作、学习的效率。

除了霍桑效应外，出丑效应也是利用流言蜚语的好办法。夏妍没有解决掉的那些小问题，不仅不能破坏她的个人形象，反而为她增添了几分亲切感，就是因为出丑效应。

这个世界上有完美的人吗？从理性的角度思考，完美的人是绝对不可能存在的。那么，一个看起来完美的人会给人怎样的印象呢？“这绝对是伪装的”，“这人城府太深了”，“让人觉得怪害怕的”。这几种是人们对于那些“完美形象”最常见的看法。

有瑕疵，有一点小毛病，才能让个人形象更加立体，更加亲切，更有人情味。因此，适当在一些小事情上出丑，反而是拉近人与人之间距离的好办法。

很多事，对就是对，错就是错

是与非如影随形，但二者如同水火冰炭，不可以和平共处。

一个人要想争取多数人的支持，就要知道什么该做，什么不该做，什么是对，什么是错，分得清是非，处事才能有分寸。

“你错了！”这句话通常出自小孩子之口。

长大成年后，当发现身边不好的行为，我们大多数人会劝慰自己：“算了吧，这个社会就是这样，习惯了就好了。你爱较真，别人只会认为你傻。”

当看到不公不平的事情，不少人都会悻悻然远离，心想多一事不如少一事。在自己受到伤害时忍气吞声，在别人需要支持时缄默不语。慢慢地，你就这样“长大”。大家看似维系着表面的和平，实际上，心却隔着天涯万里。

《射雕英雄传》中的杨康风流倜傥，长得一表人才，还是金国小王爷，是很多女孩们心目中的白马王子，但是他有一个致命的缺点——是非不分。

明明自己的亲生父亲是为金国王爷所害，自己的母亲更是被迫嫁给了他，杨康为了保住自身的地位和财富，竟然选择认贼作父；自己本是中原人，却帮着金国处处与中原敌对，假传洪七公死讯，冒认丐帮帮主；与欧阳峰一起屠杀江南五怪，诬陷黄药师；在临安皇宫偷袭待他如亲兄弟的郭靖……

郭靖将真相告诉杨康，并苦心劝说其弃暗投明，可惜杨康被权力蒙蔽了真心，认为两个人的出发点不同，利益不同，“明”“暗”的定义自然不同。他不仅不听劝说，还对郭靖大打出手，最终两个人只能决裂。

在生活中，我最讨厌的就是是非不分的人，这种人最是无可救药。

或许在有些人眼里，是与非没有明显的界限，毕竟不同的人有不同的认知和判断标准，更有人直言对错是不同立场上的产物，但是与非总得有个评判原则和标准。

比如，对别人、对社会有好处、有帮助的言行是对的，对别人、对社会有坏处、有伤害的言行则是错的；符合道德和法律规范的是对的，违背道德和法律规范的则是错的；符合自然客观发展规律是对的，违背客观发展规律则是错的。很明显，“是”与“非”之间有着非常清楚的界限。

曾看过这样一句话：“在不公正的情形下保持中立，其实已经选择站在压迫者的一边。”

没有什么事是和稀泥和着和着就能完美解决的，很多事，对就是对，错就是错。遇事不讲事实，不分是非，一味地和稀泥，这种人往往经常办错事，人缘也不好。

而一个懂得分寸的人，必然能分清是和非的界限，清楚应该坚持什么、反对什么，应该倡导什么、抵制什么，做人做事应该守住哪些底线。

明朗在一家 IT 公司做技术工作，而且是部门骨干，由于公司准备改变发展方向，他觉得公司不再适合自己，便辞职前往另一家 IT 公司应聘。

负责面试的是该公司负责技术的副总，他对明朗的资历和能力很满意，当场决定录用，但却提出一个额外条件：“我听说你原来的公司正在研发一种新软件，听说你也参与了这次研发，你能把研究的具体情况告诉我们吗？如果你能这样做的话，我会给你丰厚的回报——高薪和高职。”

尽管这家公司的影响力和实力比自己原来的公司要大得多，但明朗断然拒绝了这份工作，而且还当场义愤填膺地说道："原以为你们公司在业界是数一数二的，没想到，你们居然提出那样过分的要求，实在是掉价极了。尽管我已经离开原来的公司了，但任何时候，出卖公司的行为都是不道德的。如果你们认可那种做法，那么即便待遇再好，我也不会来工作的。"说完，转身离开。

身边的朋友听说这件事后，有人赞同明朗的做法，也有人觉得明朗太耿直，为他失去一份好工作感到惋惜。但就在三天后，那位副总给明朗打来了电话，他这样说道："先生，你被录取了，并且是做我们的技术部主管，不仅因为你的能力，更因为你时刻都想着为公司保守商业机密，你是好样的！"

面对利益的诱惑，明朗坚守内心的价值观，坚决抵制，义正词严……在他看来，当公司与个人利益发生冲突时，绝不能出卖公司的机密而为自己争取利益，这就是一种正确的对错观。正是这种堂堂正正，使他显现出人性的高贵与光辉，赢得了对方的认可和尊重，也赢得了高薪高职。

《礼记·中庸》中讲道："在上位，不陵下；在下位，不援上；

正己而不求于人则无怨。上不怨天，下不尤人。”

人做事，天在看！人生之中，是非、善恶、真伪、美丑的界限绝对不能混淆，时刻保持清醒的头脑，做人做事讲究堂堂正正，博得多数人的支持和叫好，这是聪明人的举动。

你只要找到那个适合自己的位置就好

物以类聚，人以群分。和不同圈子的人保持适当距离，只求一个“合”字，那便是皆大欢喜。

圈子决定人生！人前人后，圈里圈外，机会就潜伏在每个圈子周围。

什么是圈子？在辞典中，“圈子”是指人在各种社会交往中形成的人际社交圈层。每个人不管处于什么行业中，都会有自己的“圈子”。“圈子”是各种各样的，但无论什么样的圈子，都是“有某一种共同标志符号的群体”，如共同的血缘、共同的爱好、共同的经历、共同的目标、共同的利益……

一般来说，根据“圈子”重要性的不同，“圈子”可以分为三个等级：核心层“内圈”、紧密层“中圈”与松散备用层“外圈”。

核心层“内圈”主要是由对本身事业生涯能起到核心、关键、重要和决定作用的所有朋友组成的。这个核心“圈子”可能根据目前自身所处的职业位置、事业阶段以及未来的发展方向的改变而改变。

比如，对于一个普通的销售员而言，他的核心层“内圈”可能是由一些公司的老板、对自己有影响的老师、周围的朋友、同学等组成的。如果他晋升为一个销售经理，他的核心层“内圈”可能是由他的顶头上司、关键同事与下属、对公司业务与自身业绩有重要影响的重要客户等组成。

紧密层“中圈”是指在核心层朋友资源的基础上，适当地拓展后的朋友组成的人际圈子。比如，对一个销售经理而言，公司的董事会成员、一般下属、次重点客户以及对自己有影响的朋友等都可以组成紧密层“圈子”。

松散备用层“外圈”是指根据自身的职业与事业生涯规划，在未来有可能对自己有重大或一定影响的朋友资源组成的圈子。比如，自己所在公司未来有可能的接班人选、有发展潜力的同事、下属、客户、同学或朋友等都可以称为自己松散备用层“圈子”中的成员。

人有亲疏远近，恰当的距离因人设定，因圈设定。

圈子可以是开放的，也可以是封闭的。但圈内和圈外是两个不同的世界，也就是我们常说的“圈内人”“圈外人”。每个人身边都有数不清的圈子，但你要认识到，并不是每个圈子都适合你。不是一个圈子的人，不必硬挤。因为你越是刻意地融入这个圈子，就越容易耽误自己的时间和精力。

杜嵘刚创业的时候，为了多认识一些人，多了解些信息，几乎每天都忙于各种聚会。经一位朋友介绍，他还进入了一个富二代创业圈。

杜嵘原以为，这些人家境好、见识广，对自己事业上肯定会有所帮助。可很快他就发现和这群人狂欢过后，自己心没满足，胃也没满足，只有空虚。因为他和许多人没有活跃在一个频道上，他们眉飞色舞地讨论游戏里的绝杀技，扬扬得意地攀比着家境，而他连插话的机会都没有。不，根本是无言以对。

聚会时 K 歌是一个必选项目，其实杜嵘并不喜欢 K 歌，也不擅长 K 歌，甚至有些五音不全，但还是很麻溜地跟着去凑热闹。一开口他就原形毕露，引起全场哄笑，常常是唱几句就被替换，曾一度沦为点歌的观众。杜嵘在这个圈子形同“透明人”，他的努力在其他人眼里似乎也是有目的的。

“物以类聚，人以群分”，从来不是玩笑话。

试想，在一个自己本身不喜欢的圈子里，别人聊的话题你总是插不上话，或者根本听不懂，是不是有点如坐针毡的感觉呢？即便偶尔插上话，别人又不感兴趣或者听不进去，是不是还会令自己有点难堪呢？就像杜嵘不懂游戏却要和大家尬聊，不懂音乐硬是一起去K歌，是不是特别无聊呢？

每个人的时间和精力都是有限的，我们都应该有选择、有侧重地去交际。

首先，将“圈子”中的朋友大概进行筛选，以便在适当的时候找出合适的人选。

其次，对自己认识的人进行分析，列出哪些人对你来说是最重要的，哪些是稍次之的，哪些人是不很重要的，然后根据自己各方面的需要进行排队，也就是列出内圈、中圈、外圈。这样你就知道，哪些关系需要重点去维护，哪些只需要保持一般的联系就可以。然后，逐一进行交际策略。

最后，你还要对“圈子”中的各种关系进行分类，因为你的生活、工作或事业涉及方方面面、条条框框的事务，你需要很多方面的朋友资源，比如，有人可以帮你办理有关的手续，有人能够帮你出谋划策，有人则只能为你提供某种信息。你要根据他们的作用的不同，对其进行分门别类。

和不同圈子的人保持适当距离，只求一个“合”字，那便是皆大欢喜。

大一时余乐有些迷茫，因为他发现和舍友们的生活格格不入。

比如，他平日超级喜欢运动，足球、羽毛球、篮球，不管是什么，只要有时间他就会运动一下。可几个舍友却喜欢看书，除了吃饭、睡觉、上课以及一些重要的事以外，就是在图书馆翻看各种各样的图书。

……

“我该怎么融入大家？”余乐很苦恼，难道每天要和大家一起看书吗？他只喜欢在夜深人静的时候看书，平时很难静下心来。余乐深知，即便和大家保持一致，自己也不会太快乐。后来，余乐将自己的烦恼告诉了导师。

导师笑笑说：“最好的关系，未必是你们做什么都在一起。最好的关系，也可以是他在床前安静地看书，你在操场上忘我地踢足球。他不会鄙视你的球技，你也会偶尔看看他最近在看什么书。允许彼此的不同却又相互尊重，这样恰如其分的距离感，其实刚好可以为你们的感情加分。”

这样一番话，令余乐顿时豁然开朗。

孔子曰："君子和而不同。"真正适合自己的圈子，并不是找一群和你一模一样的人，刻意地去融入，而是你们可以互相接纳对方的世界，并可以从对方的世界中，学习到你所要学习的部分。各自都有各自的生活，相互尊重彼此的不同，这是真正舒服的相处，也就是最美的距离了。

Part3

会说话是优势，会回话是本事

说话不考虑，等于射击不瞄准

言之有度，方得人心。

每个善良的人都希望自己身边的人能变得更好，自己的孩子能学业有成，自己的下属能事业进步。

柯勇就是如此，他在一家公司做技术人员，从最开始懵懵懂懂到现在样样精通，中间的曲折不足为外人道也。每当回想起刚刚入行时的摸爬滚打，他就总是在想，当年要是有个师傅能带带他该有多好。可惜的是，他刚毕业，加入的公司也是一家新公司。能有今天的成绩，完全都是靠自己的努力。

随着公司经营的扩大，一个技术人员已经不够用了，招聘一个新员工势在必行。但是，由于公司规模较小，没办法直接招来那些在业内工作多年、经验丰富的人，只能慢慢培养年轻人。

柯勇并不介意与缺少经验的年轻人共事，他认为，在自己的帮助下，年轻人一定能快速地成长起来，绝不会让年轻人陷入和他一样的困境。没想到，他的帮助并没有起到意料之中的效果。

从年轻人刚刚进入公司，柯勇就对他进行了大量的岗前培训，讲述了许多注意事项。这些东西非常宝贵，都是他在多年的工作中总结出的经验，是学校里和书本上学不到的。年轻人也很领情，对柯勇千恩万谢，还经常请他吃饭，表达感谢之情。

从别人那里得到的经验终究不如自己总结的，柯勇的经验给了年轻人许多帮助，但不能让他躲开每个陷阱。每次年轻人犯错，柯勇都急得像热锅上的蚂蚁，反复地向年轻人传授经验，重复知识。最开始年轻人还能老老实实地听着，后来一听柯勇又要说他错在哪里，如何改正，年轻人便左耳进右耳出，神游天外。

见到年轻人不肯认真听，柯勇就更着急了。一有时间就抓着年轻人讲工作，谈经验，恨不得把自己所有的东西都灌到年轻人的脑子里。没想到，几天后他就得知年轻人辞职了的消息。

柯勇百思不得其解，难道现在的年轻人不知道自己的这些经验有多宝贵吗？不知道学习的重要性吗？又或者，是自己的错？

任何事情都要有度，即便是好的东西，太多也会过犹不及。激励从本质上来说是一种刺激，而刺激得太多，则会引起对方的逆反心理，起到完全相反的效果。这种情况从心理学上来讲，叫作超限效应。

面对孩子的老师、家长，面对新人的前辈、领导，经常会遇到这种情况。“我明明是为了他好，他怎么就是不领情呢？他怎么这样不知好歹？”这就是超限效应出现的结果。而原因，则要从自己身上找。

要避免超限效应，最重要的是明确一个问题，你苦口婆心、孜孜不倦地想要让对方变好，究竟是真的想要帮助对方，还是为了获得自我满足。有人会觉得，帮他我又没什么好处，怎么就是为了自我满足了呢？这与行为的目的性有关。或许是为了满足自己过去没有获得的，或许是为了在内心树立高尚的自我形象，都可能让你在没有好处的情况下帮助他人。而且，这种行为是应激性的，是不理性的。

真的想要让一个人变好，应该从对方的角度出发，寻找更加合适、更能让对方接受的办法。只使用单一、重复的办法，很难不让人产生反感。特别是已经察觉到对方产生反感情绪的时候，是要还继续下去，就只能逼出最糟糕的结果。

因此，在帮助他人的时候，要注意换位思考。如果是他人要帮助你，究竟怎样的方式更能让你接受。既要能学到东西，又不会挫伤他人自尊。单纯的批评、教育，也很难起到想要的效果。既然是帮助，就不能给对方太大的压力。越是急切，就越是显得功利，越是会让对方不肯接受你的好意。在帮助的过程中加入一些对个人的关怀，让对方明白你是真的为他好，才能让对方有平和的心态接受你的帮助和指导。

一片好心也要张弛有度，强势的帮助给人的感觉和压迫并没有什么不同。一旦越过了那条线，让超限效应发挥了作用，只能好心办坏事，让你的帮助变成伤害。

越喜欢抬杠的人越显得很 low

辩论和抬杠是两码事，一个是辩论真理，一个是诉说歪理。

金庸小说《天龙八部》里有很多英雄人物，但有一个小配角，虽然戏份不多，但是同样令我印象深刻，那就是包不同。包不同是慕容复的四大家臣之一，对主子忠心耿耿，也称得上一个正直之士，也是让人敬佩的，可最后却惨死于慕容复之手。为什么？就因为他的一句口头禅——“非也非也”。

包不同惨死时，我虽然对慕容复的心黑手辣的行为鄙弃，但也并不太可怜包不同，还轻轻舒了一口气，因为他说话太没有分寸。

包不同虽然武艺平平，但是嘴上功夫却不饶人。无论在什么场合，无论面对谁，都要斗一番嘴，用“非也非也”来体现他的不同。每每在慕容复有心结交各路好汉的时候，他就会隔空喊出一句反驳的话，搞得各路英雄对慕容复都是心生厌恶，因此一直以来都被许多人嫌弃，包括慕容复。

后来，慕容复要认段延庆为义父，这未尝不是一种曲线复国的办法。但包不同立即跳出来出面阻止，不仅反对了慕容复的做法，还把慕容复说成了不忠、不孝、不仁、不义之徒。有谁能忍受自己的观点老是被否定呢？慕容复已经忍了包不同很久了，盛怒之下，一掌结果了他的性命。

包不同之死，死于自己的一张嘴！想必，当初金庸先生塑造这个角色，也是为了警醒世人，说话一定要注意分寸，千万别学包不同，处处和人唱反调，为了抬杠而抬杠。

回想一下，你身边有没有这样的人。每当你说一个观点，他总是要反着你的观点来说？无论你说什么话，他总能找出碴来？明明你说的是普遍现象，他偏要用片面的例子和你抬杠？有没有理不重要，只要能让你哑口无言，他便心满意足。这样的人再好，也很难让人感到愉悦，对吧？

老实说，生活中这类人不在少数。和这样的人沟通时，我会感觉特别累，因为他们总会拿着放大镜在你说的话里寻找可钻的漏洞，然后挑起事端，让你防不胜防，这是一种令人不愉快、不舒服的感觉，永远不会惹人喜欢的，结果就会让人际关系越走越差，毕竟人人都喜欢听肯定自己的话。

这些人为什么要这么做呢？一般来说，喜欢抬杠的人好胜心强，渴望着成为人中佼佼者。由于时常抱着这种竞争心理，他们总喜欢控制他人的言行、想法，在交流中争夺话语权，希望通过否定别人的方式来凸显自己的优秀，以此来得到他人的认同、关注和赞赏，并从中获得内心的满足。

殊不知，凡事都要讲究适度。一味地想在言语上压低别人，这不是口才好的表现，更不是优秀的表现，而是不识相、没分寸、没礼数的表现。

面对这类人，最好的处理方式是微笑不回应，让对方自讨没趣，自然就会“偃旗息鼓”。千万不要与之高声争辩，往往是，你越争辩对方的劲儿就越足，越会想方设法用话语压你一筹，接下来的言行就会变成一场口舌之战，往后的相处无疑是互相折磨，而这个结果绝不是我们所喜闻乐见的。

可能有人说看到不认可的事情难道我不能表态吗？答案当然是可以的。只是辩论和抬杠是两码事，一个是辩论真理，一个是诉说歪理。

华姐的姥爷年轻时是名会计，目前已经退休在家，在那栋职工家属楼里住着的几乎都是以前的老同事。闲来无事时，大家经常会为些微不足道的小事，诸如下棋先走兵还是先走马、要不要节约点洗脚水等，情绪激昂地争执上半天。往往吵到最后连为了什么争都忘了，也互不相让，不肯罢休。

或许是多年工作中养成的习惯，华姐的姥爷的性子沉稳，说话也慢条斯理，思路清晰。在和别人交流的过程中，不管交谈的那个人说了多么令人匪夷所思的话，他的第一反应都是很平淡的,然后诚恳地指出他认为这些话中哪部分是值得肯定的，哪部分有问题，逐渐铺陈开，讲述自己的意见。

但凡认识华姐的姥爷的人，几乎没有不喜欢他的。即便那些爱抬杠的人，也和华姐的姥爷相处和睦。

对此，华姐曾质疑："有些人的观点明明有不妥当的地方，姥爷您为什么不立刻反驳对方呢？"

华姐的姥爷轻轻笑了笑，目光望着远方，娓娓说道："我从来不喜欢与人抬杠，试图说服一个人是很难的，纯属浪费时间，尤其是对方情绪不好、措辞激烈的时候。适当地听听对方怎么说，让对方的观点得到认同，让对方感到自己是被理解的，被尊重的，他们就会更愿意听听你是怎么说的。"

每个人都有自己的认知，而这种认知是各有不同，甚至是各有千秋的。意见对立，想法不同，这是一件非常常见的事情。

此外，谁也不能保证自己的意见就是正确的，就是最好的，不要面红耳赤地去争执，不要抬杠到对方哑口无言，唯有心平气和地去讨论才是解决意见对立的最好方法。

每个人都渴望获得别人的认同，不论是认同他的观点，还是认同他本人。适当地认可对方，这种分寸既是对别人的尊重，也是避免尴尬和冲突的关键。

表弟鹏程曾做过一段时间的销售，那时鹏程每天马不停蹄地拜访客户，各项准备工作也做得很到位，但成交率却非常低，甚至还遭到了客户投诉。

为什么会这样？深思一番之后，鹏程发现，当客户反馈说市面上有同类产品，看起来一模一样，而且价格比较低时，鹏程总是在第一时间做出反驳："您这种观念是不对的……"

结果短短一句话，就把客户赶跑了。

后来，鹏程试着调整自己的言辞："您这种说法没有错，市面上确实有很多比我们的价格便宜的产品，但本公司尽一切能力使产品尽善尽美，绝不使用廉价原料、廉价劳动，制造凑合能用的产品，您肯定要使用寿命长、高质量的产品，不是吗？所以买产品一定要谨慎，选择好品质的产品。"

这样下来，鹏程发现，客户们不会产生太大的抵触心理，反而可能会认真考虑，甚至接受自己的意见，这样就为成交做好了铺垫，这是唱反调唱不来的。

进退得宜，最起码的是让和你在一起的人感觉到一种愉快。

懂得进退的人不会刻意反驳他人的言论与观点，更不会通过打压对方来彰显自身的优越感，这样的人总是给别人留有余地，也给自己留下机会和希望。

所谓界限感就是看穿，但不拆穿

有些事看穿但不拆穿，有些事看透但不说透，这不是圆滑世故，而是留有余地。

残酷的真话和美妙的谎言，你更喜欢哪一个？

以前的杨乐喜欢直来直去，绝不口是心非，甚至一看到别人说谎的行为，他就想立即揭穿。后来，杨乐把自己的微信签名换成了这样一句话——“看透不说透，还是好朋友。”

之所以这样，是因为杨乐和严肃发生的一件不愉快的事情。严肃是杨乐大学时的同学，大学时的严肃手里随时拿着书籍，“我喜欢读书，这是我最近正在读的一本书”，这是严肃和人自我介绍时的口头禅，这样的他容易给人留下爱读书的好印象，然而实际上严肃平时很少看书，课外书看得更是少之又少，爱读书只是他给自己立的人设而已。

这天，严肃和一位学妹搭讪，并像往常一样自我介绍。

学妹不了解严肃，一边好奇地翻看那本书，一边发出恭维的赞叹声，这让严肃获得了很大的满足感，走路时他都在哼着小调。

学妹知道杨乐和严肃住在一个宿舍，追问杨乐："严哥读书这么厉害？"杨乐嘴角露出一丝笑意，小声地说："他这人说话水分大，一拧就是一大把水。"学妹心领神会，偷偷瞄了严肃一眼，捂着嘴笑了起来。这一幕，恰好被严肃看到了。杨乐看到他的脸色倏地变得通红，但并没有当回事，心想，只准你瞎扯谎，就不许别人道真相吗？没一会，严肃将杨乐叫了过去，指责杨乐和学妹说了实话。对此杨乐实在忍无可忍，就历数了他因为吹大话而吃过的亏，希望他能明白"信口雌黄"没有好下场这个道理。没想到严肃竟然生气了，说杨乐揭他的短，就如同打他的脸，让他丢了面子。之后两个星期，严肃都没有和杨乐说过话。

后来的一段时间，杨乐慢慢想通了，严肃因为爱慕虚荣而撒个小谎，这并没有影响到别人的生活，一句"不了解"就能保全他的面子，自己又何必让他难堪呢？一语道破并不可贵，相反还可能会惹人反感。所以杨乐特意换了微信的签名，就是想多提醒提醒自己，很多事情，看透即可，何必说透。何况，在生活中的某些情形下，撒谎是一种人际沟通技巧。

有一道非常经典的面试题——如果你是一名男性酒店服务员，在打扫房间时，并没有注意到屋内有人。但是当你要收拾洗手间时，不小心看到了一位女顾客正在冲澡，你马上转过头去，请问接下来该怎么办呢？

有人说："我会马上道歉，对不起女士，我不知道你在屋里，我没有看到什么。"也有人说："我会帮她关好门，并告诉她自己马上出去，让她别生气。"还有人说："我会赶紧出去，或许顾客会以为自己眼花了。"

说来说去，大家还是在用各种方式道歉，但是话说回来，"道歉有用的话，还要警察干什么"？这句玩笑话虽然有搞笑的成分，但也从侧面说明了道歉不能化解顾客的不满，这样处理问题，服务员还是会被投诉。换种说法，如果你是这位女性顾客会接受道歉吗？相信许多人内心还是会不满的。

究竟该怎么办呢？有个机智的应聘者给出了精彩的答案："对不起先生，我不是故意的。"最终，应聘成功。

你可能要质疑这个回答，顾客明明是个女士，为何要称作先生？但换个思维思考，顾客生气的原因是什么？是你看到她了，这无疑令对方尴尬至极。加一句“先生”，表示你只知道里面有人洗澡，但没有看清男女，顾客心里会怎么想？肯定认为你没有看清她，也便不会再多加追究了。这个答案，你有没有想到？这位应聘者用模棱两可的答案，化解尴尬、打破僵局、避免被投诉，这种“看透不说透”的说话艺术真的堪称“万能油”。

看穿而不揭穿，言谈中有所保留，知道什么话该说，什么话不能说，什么话绝对不能说。做一个头脑清醒的旁观者，一个心怀善意的有教养者。这是我们每一个人都应该学会的，也必将有助于我们维持更好的人际关系。正如一句话所说：“人情留一线，日后好相见，看透不说透，还是好朋友。”

没有人喜欢被欺骗，但要看说谎的人动机是什么。一般来说，说谎的动机归为三大类：第一类，讨别人欢心；第二类，夸耀自己；第三类，自我保护。如果察觉了一个谎言，不妨深度去理解，他为何说谎？

法国哲学家卢梭曾说：“为自身利益撒谎，那是欺骗；为他人利益撒谎，那是诈骗；为了陷害而撒谎，那是造谣中伤；诸如此类都是最坏的撒谎，而对自身和他人都无害亦无利的撒谎，那不算谎言。那只是虚构而不是撒谎。”

我有个消息要告诉您……
等等。
你要告诉我的消息，是真实的吗？
不知道，我是从街上听来的……
如果不确定真假，至少应该是善意的。
我不太确定……
我要问你，这个消息重要吗？
不算重要。
既然你要告诉我的事，既不真实，也非善意，更不是重要的，那么就别说了吧。如此，那个消息就不会干扰你和我了。

如果有人只是为了自己的面子，或是为了自己的利益，撒了一些无关紧要的小谎，碍于对象、场合和时机，我们不一定非要去“揭穿”，完全可以通过技巧来提示对方，让对方心里明白即可。有的谎言并不低劣，有的揭穿别人谎言的目的并不高尚，人成熟的标志之一就是能够容忍适当的谎话。

不过，更重要的还是真诚的沟通和交流。毕竟，只有真诚的交流才能让我们弥合差异，拥有更加了解和亲近的关系，不是吗？

有效沟通，关键在倾听

相比一个说教者，人们其实更需要一个倾听者，以寻求情感上的认同和理解。

田欣是一个特别有正义感的女孩，性情直爽、讲义气，骨子里还带着一股子侠气，是那种二话不说就能为朋友两肋插刀的人。

前段时间，田欣的姐妹凌龄闪婚了，嫁给了一个刚刚认识三个月的商务男，据说对方有才有貌，有权有钱，是某公司的部门经理。田欣劝过凌龄无数次，让她不要这么冲动，毕竟结婚可是终身大事。但凌龄一心沉浸于恋爱之中，被激情冲得头昏脑涨，哪里听得进别人的意见，火速把婚礼办了。

可没想到，度蜜月回来还不到一个月，田欣就接到了凌龄的电话，电话那头的凌龄一边哭一边控诉新婚丈夫的种种“罪行”——说对方婚前对自己百般体贴，婚后却和自己对着干，还对自己指手画脚的，一点没有当初温柔的样子。说自己后悔当初不听田欣劝告，风风火火地就把自己嫁了。

凌龄越说越伤心，后来甚至扬言要马上离婚。作为姐妹，田欣自然是站在凌龄这一边的，于是开始义愤填膺地开导凌龄：“我早就跟你说过，这个男人靠不住。我看人一向挺准的，你当初不听我的话，现在后悔有什么用？”“你要是真希望离婚的话，我支持你，一切都会好起来的……”

没想到，田欣这一堆道理说下来，凌龄居然直接挂了她的电话。好心给人劝说，却落得如此对待。田欣虽然有些不高兴，但又想凌龄正在气头上，自己不该和她计较这么多。紧接着她又打电话给凌龄的丈夫，打算替姐妹出口恶气：“你就是一个欺骗无知少女的恶棍，一个不知好歹的瘪三……”

一开始，凌龄的丈夫还算有礼貌，但听到田欣的指责之后，态度也冷了下来，到后来差点和田欣吵起来。更没有想到，田欣这边才骂完人，把电话撂下没多久，凌龄的电话就打过来，带着哭腔质问：“我只是想和你诉说一番，你为什么打电话骂我老公，你是不是就盼着我赶紧离婚呢？”

一听这话，田欣顿时哑口无言了，真是好心被当成驴肝肺。

一个人说，另一个人认真听。用心体会对方的感受。

一个人哭诉，另一个人批评：“你就不该这样！”讲道理不是好的安慰。

后来再见到凌龄时，她已经挽着丈夫的手臂笑靥如花，根本看不出之前还大哭大嚷着要离婚的样子。一连数天，田欣心里始终过不去这个坎儿。她想不通，自己明明是为了姐妹着想，可最后怎么夫妻俩一块来指责她，弄得她里外不是人！

好心的田欣为何会陷入这种里外不是人的窘境？就在于她没有掌握好安慰的尺度。

安慰一词本是褒义，是基于对他人的关心和体贴，本该收获感恩和感激。但一旦安慰的方法不得当，非但起不到安抚心灵的作用，还会招来对方的厌烦和痛苦。

就拿凌龄的事情来说，毕竟那是人家两口子的事情，关上门来谁说得清到底谁对谁错。凌龄找田欣哭诉并非希望田欣能给自己拿个什么主意、讲个什么道理，或者给自己出头。她可能只是想倾诉一下，宣泄一下情绪罢了，田欣却义愤填膺地讲了一大堆道理："你当初不听我的话……"

这种安慰人的方式，其暗含的风险在于：否认了对方情绪的合理性。

与人交往中，为什么我们会有倾诉的欲望？这是因为，当全身心投入一段关系中，我们都想要被人听见，想要被人理解，希望与对方分享自己的想法、感受、担忧、快乐、麻烦等。我们往往寻求的不是一个多么明智的答案，除了内容信息层面上的理解，更需要情绪情感层面的接纳。

“我早就跟你说过……”

“别难过了，这件事情根本不值得。”

“所有事情都会过去的。”

……

以上这些安慰方式都起不到抚慰人心的作用，因为此时对方心中的万千苦水，想要表达的情绪和感受被你的这些话生生地堵回去了。朋友在你这里找不到宣泄的地方，自然会寻找其他途径，彼此之间就会出现疏远。

安慰别人的关键是什么？比较有效的是：双方之间建立起一个很好的连接。

这个连接从何而来？接受 Ta，看见 Ta。

换一句话说，聆听是最好的安慰方式。当有人向你诉说自己心中的烦恼时，需要的不是你告诉他应该怎么做，而是寻求情感上的认同和理解。你要耐心地听他把事情讲完，不要插话，也不要中途打断他，更不要用说教的口吻，评判地接受并看见他的情绪。你只需要给予适当的倾听，就已足够。

回想一下，你是否有过这样的体验：当你内心苦闷的时候，找人述说一番，宣泄了往往就冷静了下来。人都有表达和倾诉的欲望，尤其是当遇到不好的事情时，更希望和别人分享一下，通过把堆积在心里的事情说出来，排解一下内心情绪。此时，相比一个说教者，人们其实更需要一个倾听者。

“爱是深深的理解与接受。”这是人本主义心理学之父卡尔·罗杰斯的一句名言。

我曾翻阅过罗杰斯的咨询案例集，发现他对来访者的回应中，大量地出现“嗯”这个字。对此，他曾在他处做过解释：“我的工作只是在做一件事情——倾听并有所回应，适当的时候，肯定对方的情绪是真切的。”

前些天收到一位读者发来的私信，他先是说了一句：“现在还有真感情吗？”问得我一头雾水，毕竟我不是专门做情感顾问的。后来我了解到，这位读者最近失恋了，很是难过。我没有多过问什么，只是对他说，“如果你需要听众，我随时都在。”

“为什么我对她很好，她却不爱我了，要跟我分手？我每天接送她上下班，我花了整整一个月的工资送她 iPhone，她却爱上了别人，为什么？那个男人我见过，除了比我有点钱之外，其实哪里都不如我。你说，现在的女人都这么物质吗？……”这位读者絮絮叨叨地说了一番，越说情绪越激动。

我尚未确定女方提分手的真正原因，也不了解二人的情感纠葛，所以我没有讲什么大道理，而是采取了更好的表达：“你现在的心情我非常理解……”这至少能够让读者知道我是理解他的，这会让他心里舒坦很多。

这种不加主观判断和评价的回应，会使得倾诉的人情绪输出的管道是畅通的，并意识到自己处于一个安全、友好、友爱的倾诉环境当中，痛苦自然会得到缓解。

这就是安慰的尺度，你不必多做什么，只需要待在他身边，如果他想说，就安静地倾听；如果他不想说，就静静地陪着，在适当的时候，表示你的理解，让他感受到你的存在。有时候，你觉得你什么都没做，什么都没说，只是陪在他身边，而他却在结束之后会告诉你：“谢谢你，我感觉好多了。”

八大接话技巧，从此不做聊天话题终结者

接话的艺术在于不仅要理解对方说的话，还要理解他们未说出的情感和需求。这需要我们敏锐的洞察力和善于观察的能力，以及对他人感受的敏感度。

你有没有经历过“尬聊”？中国有句老话，叫“话不投机半句多”。人在江湖，很多时候都会身不由己。有时候，我们不得不面对那些令人尴尬的场面，不得不和陌生人在一起“尬聊”。面对这种场面，很多人都会觉得手足无措，尴尬得恨不得找个地缝钻进去，像鸵鸟一样把头埋进沙子里。还有一些人，说话特别“不着调”，总是能一句话让热火朝天的气氛迅速降至冰点，还觉得自己特别幽默。

其实，“尬聊”在很多情况下，不是因为不会说话，而是因为不会接话。我有个朋友就是“话题终结者”。而往往越是

这样的人，越喜欢说话。有一次，我和几个朋友一起聊天，话题是现在的孩子学习压力很大，有个朋友的孩子甚至都因此快要抑郁了。

“我现在想开了，有时间就让孩子玩，学成什么样算什么样。”朋友感叹地说完，转头问“终结者”，“你家孩子压力大不大？”没想到“终结者”直接一拍大腿说：“小孩子能有什么压力，都是矫情，打一顿就好了。”气氛瞬间凝结到了“冰点”。

这种回答显然是缺乏敏感度和共情能力的。他可能没有思考过孩子学习压力的根源和影响，只是从自己的角度出发，简单地给出了一个“矫情”的看法，简单粗暴，忽略了对于话题本身的深度理解和对他人感受的关注，甚至有可能引起他人的不快和反感。

在面对别人的提问时，最好的方式，就是尊重对方的感受和立场，选择恰当的言语去回答。接话并不是与生俱来的能力，而是一种洞察力和情感经验的累积，可以通过技巧和练习来提升。我们换一种方式来理解。把接话的能力比作一个瓶子，人生阅历就是瓶子里的水，阅历越丰富，水就越多，用的时候也就能倒出来更多。而瓶口就是我们的技巧和应对方式。瓶口越大，水就越容易流出，技巧越灵活，我们就越能够应对各种不同的情境和人际交往。阅历只能随着经验慢慢累积，技巧却能够通过学习掌握。接下来，就为大家介绍 8 种最常见的接话技巧。

回问法

回问法是最基本也是最有效的接话技巧之一。通过对对方提出的问题进行反问，可以有效延续话题。比如，当对方问你："你最近在忙什么？"你可以回答："最近在忙工作呢，你呢？你最近在忙什么？"这样不仅展示了你的礼貌，也自然地把话题交回给对方，让对话继续下去。

倾听是对话中的关键，这可能有些反直觉，但却是人性的弱点所决定的。每个人天生就有表达欲，倾向于将自己的观点和经历放在首位。然而，在与人交流的过程中，谁掌握的信息越多，就越能够把握交谈的节奏。回问法有两个好处，首先是通过反问，获知对方的态度，能够根据对方的立场来"定制对话"。其次是，对方问你的问题，通常是他感兴趣的，通过回问的方式，可以让对方打开"话匣子"，而不用刻意去找话题。

赞美法

每个人都喜欢被赞美。适时地赞美对方，可以让对话变得更加轻松愉快。比如，朋友做了一个新发型时，你可以说："这个发型真是太适合你了！"这是第一步。对方听了你的夸奖，很可能只是把它当成客套话，这时候，你要继续追问："你在哪里做的，找的哪个发型师，花了多少钱？"通过这种方式，既能够让对方感受到你的真诚，也能使得后续话题自然而然地展开。

赞美能给人的情绪价值是无法估量的。我有个朋友就特别擅长夸人，能在几分钟内和一个陌生人处成朋友，最擅长的就是夸人，就算是陌生人也不例外。碰到小姑娘，她就夸人家身材好，碰到小伙子，她就夸人家英俊帅气，碰到夫妻，她就夸人家郎才女貌。而且，她每次说话都显得特别真诚。

分享法

当对方提到某个话题时，你可以分享自己的相关经历或看法，增加对话的丰富性。例如，对方说刚看了某部电影，你可以接着说："真巧，我前段时间正好也看了，您感觉怎么样？"通过分享自己的经历，可以让对方对你产生更多的了解，也为接下来的话题提供了更多的素材。另外，分享自己的观点和态度，也是对说话者的一种正面反馈。对分享者而言，这种积极的回应会使他们感到被尊重和被关注，从而增强他们继续参与对话的动力。

延展法

延展法是指在对话中通过提问或引入相关话题，进一步延展对话内容。比如，当对方提到他最近在学做菜时，你可以问："那您最喜欢做什么菜呢？有没有什么特别拿手的菜品？"这样不仅体现了你对对方话题的兴趣，也让对方有更多的话可说。

共情法

共情法是通过表达对对方情感的理解和共鸣，来拉近双方的距离。比如，当对方提到工作上的烦恼时，你可以说："您说得太对了，我之前也遇到过这样的老板，确实挺烦人的。"通过共情，可以让对方感受到你的理解和支持，进而愿意继续分享。

幽默法

幽默是润滑剂，适时的幽默可以让对话更加轻松愉快。比如，当对方抱怨天气太热时，你可以开玩笑地说："是啊，感觉太阳都在拿我们做烧烤了。"幽默的回应可以化解尴尬，增进交流的愉快感。

有人认为，幽默是天生的，学不来。其实不然，幽默也有公式可以用，最常见的就是反差法。先降低对方的心理预期，再出人意料地进行反转，就可以批量制造。比如，女朋友问你："我今天的发型漂亮吗？"一般人会回答："当然漂亮了。"或者："很符合你的气质。"利用反差法，可以说："不漂亮。"这样回答，对方的心里一定会很失落。这时，你再说："什么样的发型都配不上你。"出人意料地进行反转，往往能制造出 1+1>2 的效果。

类似的情况还有：

同事夸奖你："你今天的报告做得真好。"

反差法回答："真的吗？那我明天还要做一个，期待你夸我两次。"

在聚会上，有人问你："您是怎么保养的，这么年轻？"

反差法回答："其实很简单，每天都坚持锻炼……看着别人锻炼。"

借题发挥

借题发挥是指利用对方的话题，引申出你想讨论的内容。例如，对方说他喜欢看电影，你可以接着说："我也喜欢看电影，最近有一部新片非常不错，您有看过吗？”通过借题发挥，你可以引入更多你感兴趣的话题，让对话内容更加丰富多彩。

表达兴趣

表现出对对方话题的兴趣，是保持对话的重要技巧。比如，当对方讲到他的宠物时，你可以说：“太好玩了，养狗真是太有意思了，还有什么，快跟我说说。”表达出你的兴趣，不仅让对方感受到被重视，也能让对话更加自然地进行下去。

掌握接话技巧，能让我们在社交场合中游刃有余，不再做聊天话题的终结者。从回问法到共情法，每一种技巧都能为对话注入新的活力。重要的是，我们在使用这些技巧时，要真诚地表现出对对方的兴趣和关心，而不是仅仅为了延续话题而接话。通过这些技巧，你不仅可以与他人建立更深的联系，也能让每一次对话变得更加愉快和有意义。

面对棘手的请求，如何接好拒绝的话

拒绝是一种态度，更是一门艺术，既要达到自己的目的，又不能让对方感到难堪。拒绝的最高境界，是“润物细无声”。

时下有一句很流行的话：“车和老婆恕不外借。”虽然看起来像是调侃，但细究起来，却藏着很大的隐患。我有个朋友，前几年把车借给亲戚开。那位亲戚是出了名的冒失，下高速时光顾着看导航，一时没注意把一对老夫妻给撞了，老爷子当场去世，老太太被紧急送往医院，落了个终身残疾。那个亲戚看自己摊上了大事，火速跑路，把责任全都甩给我那位朋友了。这事后来怎么样，我没有追问，但当时赔了不少钱。

借钱也是一样的道理。很多人都有这样的经历：当朋友或亲戚开口借钱时，碍于情面不好意思拒绝，但到了还钱的时间，对方各种推托甚至消失，最终导致关系破裂，甚至让自己陷入财务困境。除了借东西之外，还有“借时间”和“借精力”的。例如，同事或朋友总是求助于你，让你帮忙完成一些本属于他们的工作任务，或者频繁请求你的意见和建议。虽然偶尔帮助是友好的表现，但过于频繁的请求会让人感到疲惫不堪，甚至影响自己的工作和生活。

除此之外，还有很多隐藏的、更为复杂的“借”，比如“借感情”。有些人在感情上依赖他人，频繁倾诉自己的情感问题，甚至把对方当成情感垃圾桶。心理学上有一个概念叫“情感寄生”，说的就是某些人过度依赖他人来满足自己的情感需求，常常把自己的负面情绪和问题倾诉给别人，甚至让对方承担自己的情感负担。这种现象在亲密关系、友谊，甚至同事关系中都有可能出现。

情感寄生者常常依赖他人来获得情感支持和安慰。无论是生活中的压力、工作中的困难，还是个人的情感问题，他们都希望有人可以随时倾听和支持。在情感寄生的关系中，情感支持往往是单向的。寄生者不断向他人倾诉自己的问题，而很少关心对方的感受和需求。被情感寄生的人可能会感到情感上的耗竭。他们需要不断提供支持和安慰，但自己的情感需求却得不到满足，甚至可能被忽视。

每个人的生活中，总会遇到一些棘手的请求，让人感到进退两难。如果你一味地答应所有请求，不仅会耗尽自己的时间和精力，还可能会让人觉得你没有底线。学会巧妙的拒绝，是维护自己生活边界的重要技能。

在拒绝之前，我们首先要明确一个核心目的：拒绝是为了让生活更美好，而不是相反。有些人在面对不合理拒绝时，喜欢“打直球”，心里想什么嘴上就说什么，丝毫不留情面。这种方式，碰到正常人还好说，万一碰到“小人”，说不定什么时候就要吃亏。

孔子说：“君子不立于危墙之下。”老话也说：“瓷器不和瓦片斗。”我们之所以不这样做，不是因为怕，而是要减少潜在的风险和危机，不至于因为一句话而得罪人，这样既不礼貌，也不划算。

接下来，我们就来探讨几种应对棘手请求的方法，能够在不伤害人际关系的前提下，坚定地守住自己的底线。

明确表达感谢

面对请求时，首先要表达对对方的感谢，让对方感受到你的礼貌和尊重。比如，当朋友请你帮忙搬家时，你可以说："谢谢你想到我，真的很高兴你这么信任我。"这样一来，即使你后面提出拒绝，对方也不会觉得被冷落或不尊重。

提出客观理由

在表达感谢之后，你可以提出一个客观的理由，说明你无法接受这个请求。比如，你可以说："最近工作非常忙，每天都加班，真的抽不出时间。"通过提供具体的原因，可以让对方更容易理解你的处境，也减少了拒绝带来的负面影响。

提供替代方案

如果可能的话，可以尝试提供一个替代方案，这样既体现了你的善意，又能避免直接的拒绝。比如，朋友找你借车时，你可以说："我最近正好也要用车，实在不方便，要不你去问问别人？其实租车也不错，我旅游的时候就经常租车，知道一家租车公司，挺靠谱的，需要推荐给您吗？"通过这样的方式，对方会感受到你的关心和支持。

用"我"开头的句子

在拒绝时，用"我"开头的句子可以减少对方的抵触情绪。比如："我真的很想帮忙，但我现在有个很重要的项目需要完成。”这样可以让对方觉得这是你的个人问题，而不是对他们的请求有意见，从而更容易接受你的拒绝。

保持诚实和直率

有时候，最好的方式就是坦诚相待。直接说出你无法接受请求的原因，往往能获得对方的理解和尊重。诚实和直率虽然可能让对方有些失望，但长远来看，这样的沟通方式更有助于建立信任。

使用缓和语气

即使拒绝，也要注意语气的缓和，避免给对方带来过多的负面情绪。比如，你可以说：“我真的很想帮忙，但目前我的时间安排太紧张了，希望您能理解。”温和的语气可以减少对方的失望感，让对方感受到你的体谅和理解。

表示理解对方的感受

在拒绝请求的同时，也要表达对对方感受的理解。比如，当朋友邀请你参加聚会时，你可以说：“我知道您很希望我能去，但我最近实在太忙了，真的很抱歉。”这样的表达方式可以让对方感受到你对他们感受的关注，而不是单纯的拒绝。

不要拖延决断

拖延决断只会让情况变得更加复杂和尴尬。如果你知道自己无法接受某个请求，最好尽早告知对方。有些人面对别人的请求，觉得很不好意思，于是就想用拖延的方法，想着拖一段时间，对方的问题解决了，也就不会找自己了，我有个朋友就是这样。

一次有人找他借钱，他不想借，就告诉对方："我现在手头有点紧，你等我几天，我给你想想办法。"过了几天，人家又打电话给他，他还是一样的说法。我问他："你既然不想借，直接说不好吗？"他一脸为难地说："都是朋友，不想把话说死。"又过了一段时间，人家直接找过来了，指着鼻子问他："你到底借不借，不借就说不借，老拖着人干什么？净耽误事。"好像借钱的是他一样，最后搞得两边不是人。拖延决断不仅无法避免尴尬，反而会让情况变得更加复杂。实际上，面对请求时，如果自己内心已经确定无法接受，直接而礼貌地拒绝，是最好的选择。

拖延为什么不可取？因为拖延只会让对方产生误解，认为还有希望，最终等来的却是失望。这不仅浪费了对方的时间，还可能引发冲突，损害关系。持续拖延会让自己处于一种紧张和不安的状态，担心对方再次提出请求，不断编造理由来应对，反而增加了自己的心理压力。长期拖延会让自己在对方心目中失去信用，认为你是一个不坦诚、不可信赖的人，这对人际关系的长期维护非常不利。

面对棘手的请求，拒绝并不代表不近人情，而是对自己和他人界限的尊重。通过明确表达感谢、提出客观理由、提供替代方案、用“我”开头的句子、保持诚实和直率、使用缓和语气、表示理解对方的感受和不要拖延决断等技巧，你可以在拒绝请求的同时，维护自己和他人的关系。

每个人都有自己的生活节奏和底线，学会巧妙的拒绝，是保护自己生活边界的重要一环。希望这些技巧能帮助你在面对棘手请求时，更加自信从容地接好拒绝的话，让你在复杂的人际关系中游刃有余，过上更加自由和充实的生活。

Part4

工作越久越发现，适时冷漠是关键

职场中，不是每个人都是“自来熟”

凡事都要适度，一个人过于“自来熟”，一不小心就会变成别人眼里的奇葩。

在与人交往之前，我们都会在心底设立一条界线。它虽然无形，却不容小觑。比如，我们会通过衡量彼此之间的关系，决定将对方纳入哪种距离圈子。

面对生人和熟人，我们会保持不同的人际距离，选择的相处方式也略有不同。不过有些人的个人空间会更宽广一些，朋友圈可以容下更多的人,所以他们总能快速地和别人打成一片。就算跟 TA 刚认识没多久，你也会有种 TA 已经是你多年好友的错觉。这类人，我们称为“自来熟”。

“我”和“你”迅速变成“我们”，很大程度上就是“自来熟”的“功劳”。擅长“自来熟”的人不仅和他人关系处得好，而且身边经常好运不断，也难怪不少人将“自来熟”视为一项必备技能，不管自己是否天生具备“自来熟”的本领，却都渴望能扮演“自来熟”的角色，让自己在社交中更讨人喜欢。

可“自来熟”的问题也会让人很头疼，因为见人就亲近容易产生人际关系的越界。更准确地说，“自来熟”的人往往因为没有保持合理的人际距离，没有严格地按照人际交往的流程，常常会让人产生唐突和冒犯之感。尤其是遇上性格慢热的陌生人，你的“自来熟”就是一种痛苦的煎熬。

最近，陈弦不幸碰上了一个“自来熟”的邻居。

就在上个月，陈弦刚刚搬到了新家，东西还没有摆进屋，对门的大姐就探出头，盯着她看：“姑娘，新搬来的吧？以后是邻居，有事说一声，别客气啊！”

陈弦感动于邻里的和睦，赶忙笑着说了几声谢谢。

一会儿，“咚咚咚”响起了敲门声，陈弦开门一看是对门的大姐，说要进来看看。她在屋子里转来转去：“年轻姑娘就是爱美，屋子收拾得好漂亮。这房子是你买的还是租的？”

听说房子是陈弦买的，大姐啧啧称赞，并询问：“你在哪工作？一个月赚多少钱？”

当讲到自己在一家琴行当老师时，大姐的眼睛亮了：“那你教教我家姑娘呗？”

“我们琴行不远。”陈弦建议道，“你可以带孩子去琴行报名。”

“琴行肯定贵，我找你就行。”大姐毫不客气地说，“你每天挤一个小时时间就好，咱们也算熟人了，以后免不了需要互帮互助，你要能免费最好不过了。”

陈弦在朋友面前抱怨，刚认识几分钟能熟到哪里去？原以为碰到个平易近人的邻居会相处得挺和睦，没想到她居然这么不客气，丝毫不考虑自己，这也太不拿自己当外人了吧？

心理学发现，让我们烦恼的，往往不是冷漠，而是热情过了度，缺少了边界。

那些“自来熟”的人之所以不招人待见，往往就是因为他们没有掌握好人际交往中的界限，没有保留既定的人际距离，分寸拿捏不当，进而给他人造成了种种困扰。

太宰治在《人间失格》中说：“所谓的热情，就是无视对方的立场。”初次见面就表现出非同寻常的热情，在双方并不了解的情况下，“自来熟”的相处方式很容易造成其中一方的

爱抱怨解决不了问题。

尴尬，尤其是现代社会的人们比较讲究个人空间，大多数人拥有较强的私人领域意识，更多的人心里会树起警觉的戒备。

虽然在一定程度上“自来熟”是感情的“催化剂”，然而为了钻营势力而努力塑造出一副热情的样子，寄希望依靠所谓的“自来熟”去换取别人的信赖和利益，往往不过是熟得了一时，熟不了一世。毕竟，很多稳定的关系不是短时间内就能建立的，“欲速则不达”的道理我们都应该明白。

真正的朋友，往往不是第一面的亲密与否所能决定的。所谓路遥知马力，日久见人心。人与人之间的感情培养是循序渐进的，如果两个人真的一见如故，何愁不能相谈甚欢？倒不如全身心地享受逐渐熟识这一过程的美好，这样的自己或许才是别人最愿意接受的，更容易实现人际关系的和谐。

假如不幸遇上“自来熟”的人，怎么办？你的进退就尤为重要，你要在第一时间捍卫自己的“领地”，如保持一定的距离，逢人且说三分话。还记得小学英语课的内容吗？外国人初次见面聊天的常用语往往是发表各自对天气的看法，而不是一开始就提出涉及职业、工资、年龄等私人问题。

“分寸”一词最早出自《战国策· 齐策》中有关孟尝君的一则典故，意指微小细碎之事。在现代人际关系学中，则引申为为人处世的原则和尺度。人和人之间应当保持一个合适的私有空间，不贸然侵入别人的个人距离是起码的礼仪，也是必要的分寸。如果可以做到让周围的人感觉舒服自在，何乐而不为?

能自己解决的问题就别麻烦别人

遇事先自己想办法解决，再考虑寻求帮助，这个顺序是不能变的。

比尔翁肯（Bill Oncken）教授一次偶然发现，自己正忙于加班的时候，下属却悠然地在打高尔夫，并由此提出一个有意思的管理学理论——“背上的猴子”，来比喻责任和事务在管理者和下属之间的转移。

以前朋友丽萨带过一个助手，叫康伟。康伟是某名牌大学的毕业生，而且平日里工作还算认真，一开始给丽萨的印象非常好，但没多久丽萨就果断地辞退了他。

“你不是一向爱给年轻人机会吗？”我不解地询问丽萨。

“他这个人做事太不靠谱。”丽萨无奈地解释道。为什么丽萨会说康伟不靠谱？原来起初康伟刚入公司时，没有工作经验，丽萨曾告诉他，工作上有不懂的问题就问我或者其他同事。

康伟倒是很有上进心，整日追着大家问这问那。见他如此勤勉，大家自然也乐意帮助他，但他似乎从不思考，大小问题，第一反应就是问别人，而且问的很多问题还是那种不能称为问题的问题。

比如工作流程问题，其实员工手册写得清清楚楚，他不看，非要问。比如一个技术小问题，认真试一试就能解决，他不试，非要问。……渐渐地，大家对康伟的态度冷淡了许多，包括丽萨。毕竟丽萨平时的事务也很繁忙，根本没有那么多时间和精力一遍遍地给他讲解。有一次丽萨交给康伟一个任务——给公司产品创建一个百度百科。“我没有账号，怎么创建？”康伟追问道。“你可以申请一个，以后工作中会常用的。”丽萨耐着性子解释。康伟依旧站在原地：“怎么申请账号？我没有申请过。”顿时，丽萨有些无语。

康伟就是典型的不动脑、不思考，教一下动一下，遇到问题就卡壳。没写过百科词条，没有申请过账号，就不能上网搜一下学一下吗？

“小伙子学历不错，就是怎么说……比较麻烦。”

“他一天能问几十个问题，看着挺努力，但是说不上喜欢。”

“教了他几次还是老样子，成长比较慢。”

……

这些事情听起来似乎都不是什么严重的问题，但这就是康伟没做好这份工作的原因所在，也是导致自身不受欢迎的原因所在。

从以上例子可以看出来，“背猴子”不仅仅存在于上级和下属之间，同事之间也有可能存在。亲戚或者亲友之间也是普遍存在的。

“背上的猴子”不仅在上下级之间会转移，在同事之间、亲戚之间、亲子之间都会发生类似的情况，不要把“自己的猴子”丢给别人，同时也尽量不要“替别人背猴子”，这才是进退得宜的相处之道。

职场“三不”：不越位、不越级、不越权

侵犯别人的权责范围，往往会使对方感到不快，非常容易堵死自己的路。

担任项目策划经理期间，智华和大家都相处得很好。

一天，市场部门的一位员工找到智华，向他汇报部门的考勤问题：“经理要求我们上下班必须打卡，有时去拜访客户，明明已经下班，明明离家比离公司近，还要专门跑回公司打卡，这太不合理了。”

“你可以和部门经理提一下。”智华建议道。

“前几天，我已经和他提了一次。”这位员工摇摇头说，“但是他认为，打卡是公司的考勤制度，必须要严格遵守才行。但凡事都要分情况吧，不能一味地这么死板。现在我们部门很多人对此有怨言，工作上积极性也不高。我想反映情况，但平时又接触不到总经理，所以希望您能帮一帮我们。”

如果你是智华，你会怎么做？

为了公司的整体利益，直接向总经理反映这个问题？如果是十年前，或许智华会这样做。但现在，智华深知这一做法是有失分寸的。于是，智华向这位员工委婉地表示："抱歉，这不是我的权责范围，你回去和你们经理再好好说说，或者多叫上几位同事一起反映下，我相信你们经理肯定会重视起来的。"

为什么智华说直接向总经理反映问题有失分寸？

因为当前大部分企业执行的是垂直管理系统，即金字塔形的管理，高层、中层、基层，一级管一级，层层对上级负责的管理模式，也就是下级直接向顶头上司汇报工作。个人行动需要配合整体的行动，服从团队的调度，贸然去做其他事情，超越了自己的权责范围，就会破坏整个合作体系。

我们知道，大多数动物都有一种"领土意识"，比如一些动物四处撒尿，这就是在划定自己的领土范围，警告别的动物别越界闯入。"领土意识"其实就是一种自卫意识，我们人也是一样。侵犯别人的权责范围，往往会使对方感到不快，并对你产生不好的印象，甚至成为他人的"眼中钉"。

丁证的工作能力很出众，进公司没多久，就受到了老板的肯定和表扬。可是最近他却觉得老板的脸色不太好看。原来最近他们正在准备外出参加业务培训，由于前期报名的人比较多，一辆大巴车的座位不够坐，动用两辆大巴车费用又太高。怎么办呢？丁证思索了一番，产生了新的想法。

主意定下来之后，丁证来到老板跟前说："老板，我觉得这一次培训不必这么多人参与，人多嘈杂，不仅影响培训效果，而且来回费用太高。这样吧，我决定把公司摄像机拿上，把培训内容全部拍摄下来。返回公司后，我再安排一个时间，给没参加培训的同事统一播放录像……"

没等丁证说完，老板的脸就不知不觉黑了下来，生硬地打断说："是吗？我看这个方案不太好，你们还是赶紧再安排一辆大巴车吧！"

丁证愣住了，他想不明白，合情合理的建议为何被否了，还惹得老板一脸的不高兴。

丁证的问题出在哪里呢？就在于超越了自己的权责范围。丁证只是一名普通员工，没有选择哪种方案的权力，他却擅作主张替老板做了决定，"我决定把公司摄像机拿上""我再安排一个时间"，如此超越权限的话，老板听了怎能不气恼？又怎能给他好脸色看？更不可能同意他擅自做出的决定。

遇事自作主张，逾越权责范围往往会导致权力行使时的越俎代庖，无疑会打破原有的权力平衡，使得整个工作机制变得混乱。

试想，如果丁证能够认清双方的角色，明晰自己的工作权限，和老板这样说："现在我们有两个选择，各有利弊。我个人认为第二种选择比较可行，但我做不了主，所以请您决定，我听您的！"相信老板听到这样的话，定会认真考虑他的计划，并且对他印象良好，这样岂不两全其美？

不越位、不越级、不越权，这是行走职场的"三不"原则。职场上每个人都有自己的位置，找准自己的位置，举止言行都要围绕这个位置进行，说该说的话，做该做的事，不属于自己权限范围内的事，不要去管、去插手，把握好分寸，这是尊重体制安排的表现，也将有利于自身发展。

在工作中的具体体现，包括以下几个方面：

有些重要决策，作为下属或普通职员可以参与，但以只听不说为好。

汇报工作进展时，要找自己的直接领导，不能不通过直接部属，而越级向领导的领导汇报，特别是财务等一些重要部门。

不要对不是自己直接下属的人下命令，每个员工都有自己的直接上级，如果你确实需要该员工做一些工作，可以去找他的直接上级，通过直接上级来给他下命令。

每个部门都有自己的工作职责，不要插手部门职责以外的事情。逾越了这个界限，会给公司的整个流程造成混乱，甚至部门与部门之间出现矛盾冲突。

所谓“在其位，谋其职”，我们身在职场，就要掌握职场的生存守则，自己处在什么样的位置，就要做什么样的事，说什么样的话，如此有分寸地去说话行事，才能维持良好的人际关系，进而有利于自身的发展。所以，从进入职场的第一天就要找对定位，了解自己的职位和职责所在。

每个管理者都是一座孤岛

每个管理者都是一座孤岛，可以与其他岛相通，但不能与其他岛相连。

人与人之间之所以距离远，是因为心远；之所以距离近，是因为心近。如今不少领导深谙这一道理，在职场上很少运用权力，更多的是在非权力性影响力上下功夫，比如对员工和颜悦色，上下级打成一片，亲和力无处不在。这样做好在哪里？和下级走得近，彼此熟悉了，情感加深了。

但这种方法有一个“副产品”：权威感少了！因为和下级走得近，领导自然就减少了私密与隐私，就没有了神秘感和威严，不仅不能增进感情，反而会破坏工作氛围。

升职加薪才能刺激员工积极性。
老板对小丽说："这个月业绩不错，给你多点提成。"共赢。

没有员工喜欢无偿加班。
老板对小丽说："这个月事情很多，辛苦你多加点班。"

“我好不容易进了管理层，为什么现在每天都是煎熬？”

廖恒郁闷地说道，这和他去年意气风发的样子大相径庭。

廖恒有年轻人的热情和干劲，颇有销售天赋的他将工作做得有声有色。在某公司工作了五年之后，他凭借优秀的工作表现，被提升为市场部经理。廖恒自然是激动万分的，但同时他还第一时间考虑到了其他人的感受。为了不让昔日朝夕相处的同事们说自己升了官就摆架子，廖恒还和以前一样经常和大家一起聊天、开玩笑，下班后也会聚在一起喝茶饮酒、唱卡拉OK，称兄道弟。

廖恒本以为距离近一点有助于促进彼此的关系，可以更好地开展管理工作。但很快，他发现因为都是老同事，大家对各自的情况都很熟悉，彼此知根知底，年纪也差不多，自己的话根本不起作用。他给大家布置的工作任务，他们很少及时完成，总是拖拖拉拉，而且大错小错不断。

“我明里暗里地提醒过很多次，但根本不奏效。不仅如此，在公司里，有些同事依然和从前一样直呼我的名字。”廖恒深叹一口气，摇着头说道，“这让我很没面子。”

一个下属找到廖恒，说自己早上要送孩子上学，不能准时上班，希望廖恒通融一下，让自己可以晚点上班。廖恒碍于情面，答应了。结果，好几个下属都开始迟到、早退，部门业绩一直很不理想。最后，顶头上司放话了："如果再管理不好团队，我要将职位让给有管理能力的人。"

廖恒的问题出在哪里？在我看来，就是和下属相处时进退失据。

作为领导者，亲近下属本身并没有错，但一定要保持上下级之间的界限。如果与下属有过于亲密的私人交往，彼此没有距离感和空间感，下属容易放纵，领导则失去个人威严，如此谈何有效领导？那么，高明的领导者应该如何处理与下属的关系，让下属产生一种敬畏感和服从感呢？

概况来说，可分为以下几点：

1. 紧密而不亲密

身为领导，与下属建立比较紧密的工作关系，适当开开玩笑都是无伤大雅的，但是千万不能和下属过于亲密，太过亲密必然招致不必要的非议。而且，下属间亲疏偏颇的结果是，导致整个团队的谄媚奉承。

2. 距离而不隔离

与下属保持一定的距离，给人一种威严的感觉，往往不怒自威。

前面我们提到了“刺猬法则”，这个法则用在领导和下级之间的关系上同样适用。与下属既不要太过亲近，也不能过于疏远。太亲近，下属拿你不当回事。太疏远，容易离心离德。保持一个不远不近的距离即可，既不会让你显得高高在上，无法施加影响力，也不会使你与下属互相混淆身份。

3. 交流而不交心

做好管理工作，离不开沟通、沟通、再沟通。领导和下属之间，经常需要交流沟通，话题涉及工作、生活的方方面面。但交流并不意味着推心置腹，比如和对方分享自己的心事、家事、隐私等。当一个领导的内心让下属看得明明白白时，领导没有了神秘感，下属自然对领导也就没有了敬畏感。

曼文是一家化妆品公司的业务主管，虽然她长得娇小玲珑，浑身上下却洋溢着女强人的气场，在部门里拥有主导话语权。这不仅在于她能力出众，还在于她懂得处理和下属的关系。

曼文跟下属们一直保持着良好的情感交往，但她不是盲目的“温情脉脉”，而是很有距离感。比如，在工作中不谈及个人感情，也不会交流过多关于个人的隐私问题。即使和某一下属私底下关系很亲密，但是只要在工作场合，她从来都表现得非常正式，总是给人以某种尊贵的感觉。

除此之外，曼文在工作中与所有下属都是等距离的，没有亲疏远近之分。当这些人犯了错或是找她办事，她一律秉公处理，使大家都能在公平公正的环境下施展出自己的才能。

这种良好距离感的把握，使得下属们保持着对曼文的敬畏和恭敬，所以她的威望非常高，在公司真正做到了令行禁止。也正是因为和下属保持一定的距离，曼文才能够站在一个旁观者的角度去观察这群人，在需要做判断或者做决定的时候，有一个更加理性的认知，稳固了自己管理者的位置。

“每个管理者都是一座孤岛，可以与其他岛相通，但不能与其他岛相连，连起来的岛就丧失了独立性，容易受各色人等左右。”

领导就是领导，下属就是下属。领导在处理自己和下属的关系时，一方面，要与下属保持必要的联系，经常给予生活和工作上的关怀，拉近彼此之间的心理距离；另一方面，又要时时刻刻保持冷静和理性，尽量抛开情感的干扰，适当地按照权力和等级来区分彼此，确保管理者应有的权威。

其中的度，还需要每个领导者自己慢慢去摸索。

好的关系从来不是单向的，而是双方彼此依赖，有来有往的互动。但每个人都要有自己的独立性和空间，一定要懂得进退，互不冒犯、互不打扰，才能达到。

不适当的谦虚反而耽误事儿

事物都是有二重性的，谦虚固然好，但过了度就是虚伪。

《尚书·大禹谟》曰：“满招损，谦受益，时乃天道。”

关于谦虚和虚伪，季羡林老先生也曾在一篇随笔中说道：“究其实际，二者间有时并非间不容发，谦虚稍微一过头，就会成为虚伪……我们应当提倡真诚的谦虚，而避免虚伪的谦虚。”

你是不是会疑惑，什么是“真诚的谦虚”，什么又叫“虚伪的谦虚”？

真诚的谦虚和虚伪的谦虚，划分的关键在于谦虚的度。

“最近有三家公司同时给我发了 offer，大家这么抬爱，我都不知道该选择哪家？”

“我因谈下几桩大生意，获得了老板的高度认可。其实我哪有那么厉害，运气好罢了。”

“我没有什么过人之处，只不过别人要做一天的工作我不到半天就能做完。”

……

从字面上看，这些说话的人好像是在谦虚，渴望寻求别人的意见和帮助。但是细想一下就会发现，他们更像是在炫耀自己，你的感觉没有错，他们其实是在假装谦虚。

在社交场合中，这种“假装谦虚”之所以被普遍使用，其实照出了我们内心的种种隐秘欲望——想要获得别人的认可，想要刷存在感，想要获取优越感等。人们贪心地既想让别人认可自己既有魅力也有能力，尊重自己，同时又生怕大家觉得自己心生骄傲，不希望别人因此而讨厌自己。

这种假装真的有效吗？换言之，它真的能帮助我们更好地展示自我的优势吗？

工作这些年，我的领导伊达就曾遇到过一些假装谦虚的人。

一位名牌大学的毕业生，前来应聘，恰好伊达是面试官。

面试开始，这名年轻人先做了一番自我介绍，简单地陈述了自己这些年的教育经历。可以看出，他是一个很优秀的人，也是公司急需的人才。

“你们大学很出名。”伊达称赞道。

“还行，凑合吧。”年轻人回答。

伊达内心沉了一下，接着问道：“你的成绩很出色，大学时一定很努力吧？”

伊达撇了撇嘴：“这成绩一般般吧。”

最终，年轻人没有通过。原因在哪里？就在于他的过于谦虚反而成为一种傲慢。

正如《傲慢与偏见》中 Mr. Darcy 说的那句话：“假装谦虚是再虚伪不过了的，它们往往是信口开河，有时只是拐弯抹角的自夸。”

备受青睐的谦虚，之所以出现出人意料的效果之差，其原因在于缺乏分寸。真正的谦虚要保持一个适度原则，虚心而诚挚。

具体来讲，可以采用以下几种方法：

任何事情的发生都有所依据，称赞和夸奖也是，不可能毫无缘由。与其谈某方面的成绩，说自己的成就，不如摆出客观的事实。与其说“我哪有那么厉害”这类话，不妨直接摆出自己的努力，“为了做成这件事情，我花了很多心血”“因为我更细心一点，所以做得更好”，巧妙地表达自己的谦虚。

当受到表扬和赞美时，如果你不希望成为“焦点”，不妨把表扬或赞美的对象“嫁接”到别人身上，转移了人们的注意力，你就能巧妙地“脱身”。

面对人们的赞美，诚恳地征求大家的批评，让大家帮忙指出不足的地方，并表达感激和谢意，这是表现谦虚精神的一种有效方法。

真正的谦虚不是表现在言语上，而是从行动上尊重他人，这需要你保持平和坦诚的态度，该谦虚时不贸然出头，该表现时也适度表现。尤其是如今人才济济、竞争越来越激烈，招聘口试、招标答辩、评定职称、推销产品时，你有本事有能力，可你不说出来，谦虚又谦虚，谁又知道呢？

当公司召开会议时不妨积极发言，提出自己独特鲜明的观点；面对自己擅长的事情或领域，勇敢地站出来，适当表现自己的才干……这种谦虚才能真正地吸引他人对你的注意，既赢得人气又赢得好评，进而缔造良好的人际关系。

这世上，没有谁应该为你做什么

帮忙这件事是很主观的，每个人都有自己的事情，没有人应该或者必须要帮你。

很久以前听过这样一句话：“别人帮你是情分，不帮你是本分。”对于这句话我非常认同，因为在实际生活中，不少人总是将情分和本分混淆,最容易出现的问题就是把情分当本分。情分是什么？是人与人相处的情感，是给予别人关怀、照顾的情谊。本分是什么？是本身应尽的责任和义务。不少人总是对情分抱有太多期待，将别人对自己的照顾和关爱视为一件理所当然的事情，就像曾经从父母那里得到过的一样。本能地期待责任由别人来承担，好处由自己来享用。但世界上哪里会有只享受其好处，又不必承担责任的事情呢？所以对这等好事的期待，必然会让我们常常受挫。

“我都生病了，你为什么不帮我带饭？”

“想写一篇征文稿，你文笔明明很好，帮个忙怎么了？”

“你和我顺路，怎么不知道送送我？”

……

为什么会产生这种哀怨？说到底，就是因为这些人总是以自我为中心，经常忽略他人的感受。站在自己的角度抨击着别人，抱怨着他人的做法，可是每个人都有自己的难处，你对我的难处不闻不问，漠不关心，又凭什么要求我一味地施以援手？你没有感同身受，又有什么资格去指责别人？

不分场合、不分时间、不分轻重地想要得到帮助，不管大事小事，总是把别人的帮助当作理所应当，没有一颗感恩的心，也没有一颗体谅他人的心，这样的人又如何走得长远？

我的朋友小娜曾经有个彼此三观相似又有很多共同语言的同事，所以有事没事她们都会聊几句，可是小娜后来渐渐发现，每当同事心情郁闷或者工作不开心，就会找自己使劲吐槽，美其名曰“帮忙”。小娜一开始当然愿意伸出援手，但同事总是不分时间地找她，即使后来小娜离职了，换了新工作，这位同事还是经常找她聊天。有时是周一早上，小娜正忙着部门会议；有时是凌晨三四点钟，小娜睡梦正香。

一开始，小娜没有关机的习惯，几乎每天 24 小时开机。再后来，当小娜忙着重要事情或者睡觉时，为了避免这位前同事的打扰，便提前将手机调到了静音状态，因为她已经没有那么充裕的时间和精力去处理其他事情了，小娜也曾和这位同事直言："成年人必须要学会处理自己的问题，而不能一味地求助于人。"当然，小娜也因此遭到了对方的抱怨："我也没有让你做什么，只是当作一个倾听者，这么点小事你也不肯帮，真不够意思！"

是的，这看上去有点不近人情，但人与人的相处要懂得进退得宜，这是维持关系最基本的底线。不给他人增添麻烦，这是最基本的礼节。

我曾看到这样一则故事，虽然内容简短，却意义深刻：A 不喜欢吃鸡蛋，每次发了鸡蛋都给 B 吃了，刚开始 B 很感谢，久而久之便习惯了。习惯了，便理所当然了。有一天，A 将鸡蛋给了 C，B 就不干了。他忘记了这个鸡蛋本来就是 A 的，A 想给谁都可以。为此，他们大吵了一架，从此绝交。

思考一下，这世上哪有那么多的"应该"。

帮忙这件事是很主观的，毕竟每个人都有自己的事情，没有人应该或者必须要帮你。所以，当别人不愿帮忙的时候，你不能怪罪别人；当别人愿意在你困难时伸出援手，这就是别人的好心，好心是需要回馈的。哪怕是请别人帮个很小的忙，也请你带上真诚和感恩，别把一切都视为理所应当。

前段时间，同事小可收到了多年不联系的老同学的微信好友申请，看到老同学的消息，惊喜之余小可又有些不安，果不其然，简单寒暄了几句便步入了正题，原来这位老同学想创业开办公司但是资金不够想要找小可借钱。

小可挺开心，能想到自己并借钱，至少说明这位老同学还把自己当朋友。但开心过后小可又有些无措，工作这些年小可买房买车，结婚生子，投资理财，大城市消费水平又高，手上实在没有多余的积蓄。但小可又不想让老同学失望，心里一阵挣扎，不知如何说出口。

这位老同学看小可没有及时回复，便说道："你要有困难我也了解，我们不是小孩子了，拖家带口的，这几年谁都不容易。谢谢你，我会再想办法的。"

老同学的话语里没有一丝不快，而他的这种理解让小可心头一暖。

再后来，回老家之后，小可与这位老同学经常聚餐，一直关系和睦。

每个人的生活都不容易，没有人因为“情分”而必须帮自己。能帮就帮，不能帮的，也不要抱怨。这是一个很清晰也很单纯的关系，剥离了情分和本分的纠缠，在简单的关系模式下，放弃对情分的过分期待，积极地承担自己的本分。

成年人之间所谓的情分，需要的不就是这种界限感吗？

有所为，有所不为

“为”与“不为”在于取舍，一拿一放之间，进退的智慧便体现得淋漓尽致。

职场上，有一种非常真实又难解的现象：一个人如果本职工作表现好，通常会得到晋升。但是随着不断晋升，终究会达到自身能力的极限。即便你在不停地超越自我，也终究会陷入一种难以胜任的状态，表现为有些事再怎么努力也做不到最好，有时无论你怎么奋斗也改变不了现状。

听起来是不是很要命？这就是“彼得原理”。我们每个人都渴望成功，希望通过自身努力改变命运。但在个人进取方面，许多人不了解“彼得原理”，也很难把握好其间的分寸，时刻都想拓展自己的空间，乃至做一些力所不及之事，不但会令自己身心疲惫，也剥夺了别人学习和成长的机会，这是一种愚蠢与贪婪的失分行为。

孙普在一家产品公司从事销售工作，他是一个典型的工作狂，每天总是第一个到办公室，晚上常常工作到深夜，业绩也比较突出。这一点很得老板的赏识，于是晋升他为销售部经理。孙普比之前更加勤奋，将大小事情都揽到自己身上，每天奔前忙后，忙碌又疲惫，但有些事务他并不在行，比如市场调研。

说起孙普，老板忍不住摇头叹息："孙普确实勤奋能干，自己冲锋陷阵，承担了团队里大部分的工作，但他整天忙得不可开交，手底下的二十多名员工却一副不紧不慢的样子，打打杂，做一些程序化的工作，整个部门的业绩一直上不来。我提拔他是为了让销售部发展得更好，可现在……"

而员工对此也颇为无奈："孙哥什么事情都想自己做，虽然他替我们分担了很多,但也让我们失去了学习和成长的机会。跟着这种领导，永远没有出头之日……"

孙普也攒了一肚子的怨言，经常和朋友抱怨："公司的大小事情都需要我操心，我现在每天累到筋疲力尽不说，还不被大家认可，有时真想干脆辞职走人算了。"

不知道你看了孙普的故事后，有什么样的感想?

关于进退的尺度，重在有所为有所不为，“有为”与“不为”的标准是工作能力与工作的匹配度达标。将个人能力与所做的事情进行对比，通常会存在以下几种方式：自己最适合做的事情，自己不适合做的事情，自己必须去做的事情，自己能够完成的事情，自己想要做的事情，自己无法完成的事情。

在权衡“有为”与“不为”时，不少人错误地以为“有为”的事情越多越好，他们不了解自身的能力有多强，不清楚自己的界限在哪里，不懂得遏制自己的欲望和野心，最终因此陷入僵局。这也要求个人要将量力而行当作一种行为准则，这是个人能力与所做事情之间保持平衡的关键。

那些取得成功且人缘很好的人，往往不是因为他们的完美而辉煌，而是由于他们能够把握“有为”与“不为”的界限而显得明智，当行则行，当止则止。

林董是一家大型企业的老板，上上下下管理着上千人。但熟知林董的人都知道，他不是一个工作狂，每天过得逍遥而自在，而且所有员工都很尊敬他，佩服他。

这里的重要原因就在于，林董懂得适当的授权。

身为老板，林董将工作中的事务进行了分类，不同的部门负责不同的事务，内容和职责上划分得非常清楚。而他自己，则只保留了意义重大、事关全局、方向性的工作，如直接下属和关键部门的人事任免权，对一般及重要决策进行最后拍板的权力，对所有重大决策有知情权等。

林董时常会观察公司谁是某项工作最合适的执行者，对象确定后，他就将该下属叫到办公室，解释这项工作的要求，让他们放手去做，而他自己要做的，只是时常盯一盯工作的进度，并及时给予支持或指正罢了。

按照这种工作方法，林董的工作效率一直很高效，团队也得以快速成长，而且彼此之间的关系都很和睦友好。“我们应该让不同的人承担起自己的责任，这跟我们学开车的道理一样，你不给员工上车锻炼的机会，他可能永远是一个半生米，而你却还需要为这个半生米再次下趟锅。”林董解释说。

责任界限模糊，工作出了问题，谁的责任都追究不了，企业能有好结果吗？担负起自己该承担的责任，把别人的责任还给当事人。在各自的领域和岗位上，对自己的职业技能和业务负责，坚持脚踏实地地做事，做自己力所能及的事情，是表现自己才能的最好途径，才算是真正的恰到好处。

没人是三头六臂无所不能的，即使再优秀的人，精力和体力也是有限的。当对某件事情力不从心的时候，我们不应悲观失望或自暴自弃，而应该好好地想一想，是不是自己包揽了太多的事情？如果是，不苛求和为难自己，学着只做自己能做的，“不为”就是为了更好地成就“有为”。

每个人都有各自的职责，好好梳理一下你的工作，明确你的工作职责，哪些是你必须要做的事情，哪些是你想做且能做的事情，哪些超出了你的能力范围之内……量力而行听上去有些悲观消极，但实际上却不会有人因此定义你，人们只会因为你做好了自己能力和职责以内的事而认可你。一个不争的事实是：好钢要用在刀刃上，才能发挥最为锋利的特性。

Part5

世界上不可能有人满足你所有要求

最好的关系，不是追逐，而是相吸

爱情就像磁铁的两极，同极相斥，异极相吸。单方面的付出，永远不可能成全爱情，只有成为磁铁的两极，才能有所收获。

这两年，网上流行起一个不雅的话题——“舔狗”。所谓“舔狗”，大意是指那些在感情中一味讨好、卑微付出、毫无底线地迎合对方，而对方却未必会给予相应回报的人。这个词汇来源于网络流行语，带有浓厚的嘲讽意味，形象地描绘了在感情关系中失去自我、迷失尊严的一种极端状态。

流行语很有意思，乍看起来粗俗不堪，实际上却能反映一个时代的精神面貌。把时间往前倒推个二十年，无论文学作品还是现实生活中，都流行“死缠烂打”，很多人把“精诚所至，金石为开”当作感情中的至理名言，相信只要自己不断付出，对方就会因为感动成为自己的伴侣。譬如金庸小说中的段誉对王语嫣，李莫愁对陆展元，裘千尺与公孙止等。然而，在金庸的笔下，这种单方面相思的角色，大多为情所伤，没有什么好结果。相反，那些两情相悦的都走到了最后。如郭靖和黄蓉，杨过和小龙女，韦小宝和他的七个老婆。

佛家说，世人皆苦，人的一切烦恼，都来自生、老、病、死、求不得、怨憎会、爱别离。单方面的追逐，既是求不得，也是怨憎会，怎么可能“脱离苦海”呢？“为情所困”，佛家有个“白骨观”的说法，意思是通过观想人类的身体最终都会化为白骨，来超越对肉体的执着，达到对情欲的解脱。具体来说，就是观想人类的身体最终都会化为白骨，从而破除对肉体和世俗情欲的执着。通过这样的观想，人们可以更深刻地理解无常和空性，从而减少对世间情欲的依恋和执着。

然而，佛家讲的是悟性，话说起来简单，做起来实在是难上加难。在这个快节奏的时代，许多人认为要维持一段关系，需要不断地努力、追逐和付出。然而，真正稳定而美好的关系，并非建立在单方面的追逐之上,而是在双方自然吸引的基础上。最好的关系,是双方都能在自己的轨道上,互相吸引,彼此成就。

“舔狗”现象虽然在网络上被调侃，但其背后反映的是现代人情感关系中的深层次问题。我们每个人都希望在感情中被爱、被尊重，但过度的付出和迎合并不能换来真正的幸福。

站在心理学的角度来看，这类追求者通常具有强烈的依附需求。根据依恋理论（Attachment Theory），人们在童年时期形成的依恋模式会影响他们在成年后的情感关系中如何表现。那些在童年时期没有得到足够情感支持和关爱的个体，可能在成年后表现出焦虑型依恋，他们渴望通过过度付出来获得对方的认可和爱，以弥补童年时期的情感缺失。也就是说，通常情况下，这类人的大多数属于焦虑型依恋。

这类追求者往往自尊较低，希望通过取悦对方来寻求自我价值感的确认。他们相信，只要付出足够多的努力和爱，最终会得到对方的认可和回报。然而，这种行为模式通常无法带来持久的幸福，因为他们的自我价值感完全依赖于他人的反馈。

然而，站在被追求者的角度来看，有个人对自己单方面付出，毫无底线，毫无原则，真的是一件好事吗？当然不是。对于被追求者来说，感情本应该是自由选择，而不是被迫接受或因感到内疚而维系。这种单方面的付出实际上可能对被追求者造成心理负担和困扰，影响他们的情感自由和自主性。

当一个人对自己付出过多时，被追求者常常会感到内疚和责任。一方面，他们不想伤害追求者的感情，但也不想给予虚假的希望。这种矛盾的情感使他们陷入两难境地，内心备受煎熬。另一方面，过度的关注和付出会让被追求者感到窒息和压力。他们会觉得自己的空间和自由受到侵占，甚至在无意间被推向了“不得不回应”的状态。比如在公众场合求婚，如果双方不是情投意合，大概率会从“惊喜”变成“惊吓”。

从社会学的角度来看，社会交换理论认为，人际关系是基于成本和收益的计算。追求者投入大量情感和资源，希望获得对方的情感回报。然而，当被追求者没有同等回报时，关系中的不平衡会导致追求者的情感困境和痛苦，甚至做出十分极端的举动。打开搜索引擎，键入关键词“拒绝求爱被杀”，我们能看到无数发生在各地的惨案。

当一个人决定没有底线、没有原则、不惜代价地去追求另一个人时，这往往不是决心的具象化，而是因为这个人本来就没有原则和底线，做出什么事情都不会让人意外。

接下来，让我们回归到爱的本质上，来追根溯源，说明白爱到底是什么。英国心理学家西蒙 · 梅在《爱的历史》中说，爱是“本体论意义上的归根”。换成“人话”来说，爱是指我们对于自己存在的基本认同和满足，能让我们感觉到自己在世界上有着特定的位置和联系,赋予我们的生命以价值和完整性。爱是一种归根感或归属意识，让人感到自己的存在得到了满足和肯定。爱不是单向的过程，而是一个循环往复的过程，需要人首先拥有对自己的爱，才能真正地理解并向他人展示爱。换句话说，就是爱别人，然后通过对方的反馈来确定我们自己具有爱的能力。

所以，好的关系就像磁铁的两极，会自然地相互吸引，而不是一方不断地追逐另一方。追逐会让人疲惫，而吸引则是自然而然的过程。两个人能够走到一起，是因为彼此有共同的价值观、兴趣和目标。这种吸引力不需要刻意为之，而是在日常相处中慢慢显现。

在追求感情的过程中，保持尊严和独立人格至关重要。这意味着你应该坚守自己的原则和价值观，不要为了取悦对方而妥协自己的立场。保持自己的独立性和自信，让对方看到真实的你，而不是一个刻意塑造的形象。

同时，尊重对方的个人空间和自主权也是至关重要的。不要过度侵入对方的私人生活，给予对方足够的时间和空间去了解你。尊重对方的决定和选择，不要强行干涉或施加压力。建立起相互尊重和信任的基础是建立良好关系的关键。

最重要的是，建立平等、尊重和互相理解的关系才是追求过程中的关键。不要试图控制对方或者被对方控制，而是要建立一个平等的关系，让双方都有发言权和决策权。通过相互尊重和理解，才能建立起一种稳固的关系，并在这个基础上共同成长和发展。

柏拉图把爱分成两种形式，一种是肉体之爱（Philia），另一种是灵魂之爱（Agape）。

肉体之爱，是基于身体和感官的吸引力而产生的感情。这种爱是一种纯粹的吸引，如同动物一样，会随着时间的逝去、肉体的衰老而渐渐消失。

而灵魂之爱则是一种更为深刻和纯粹的爱，是基于灵魂和精神的连接。这种爱超越了肉体的束缚，是一种纯粹的精神交流和情感连接。在灵魂之爱中，双方彼此理解、支持和尊重对方的内在本质，而不受外在形式或条件的限制。

我们在相互尊重、相互理解的基础上建立的关系，就是灵魂之爱。只有这样的关系才能经得住时间的考验。

妄想改变对方，那不是生活，那是战争

世界上的所有冲突，绝大多数都来自想要让对方按照自己的原则行事。然而，这几乎是一件不可能的事。

想要改变一个人有多难？这件事我很有发言权。我有个朋友，认识已经有十年了。在我的印象里，他虽然游手好闲，但家里条件好，生活也很节俭，穿的衣服都是早市上淘来的，一双鞋子也能穿好多年。至于吃饭，基本上就是对付一口，可以说对生活没有任何要求。

可去年，他出了一件让人感到震惊的“大事”，而且是两次。据我了解到的情况，这位朋友先是在网上认识了一个女主播，打赏了不少钱，成了“榜一大哥”。紧接着，他在那位主播的引诱下开始在网上赌博，一开始运气还不错，赢了好几万元。他尝到了“赚快钱”的甜头，开始在各种软件上疯狂贷款，凑了上百万元，一心想“一口气吃成胖子”，实现财富自由。可很快，那位女主播就原形毕露，朋友也开始不断输钱，最后输进去上百万元。他十分崩溃，不敢告诉任何人，直到催债的电话打到家里，这才“东窗事发”。

他家人很震惊，但还是帮他还上了。没想到几个月之后，他再次把所有贷款平台全都借了一遍，又输进去上百万元，这一次，家里再也没有能力帮他了。现在，据说他被关在家里，断绝了所有经济来源，每天在手机上打麻将。

站在任何人的角度，大概都无法理解我这位朋友。既然已经有了这么惨痛的教训，这种事为什么还会发生第二次呢？其实，对这个群体稍微了解一下就会发现，他们不仅会有再三再四，甚至一生都无法做出改变。在网络上，他们有一个统一的称呼：“戒赌吧老哥”。他们的口头禅包括：“我凭本事借的钱，凭什么还？”“打工，打工是不可能打工的，生意又不会做，只有赌才能维持得了生活这样子。”只要有钱，他们就会第一时间拿到赌桌上，输完之后再去借，如此循环往复。

当然，你可能会说，这种极端的例子代表不了所有人。这当然没问题。但是，一旦你试图改变一个人时就会发现，所有人的心中，对于自己的“正确性”都是根深蒂固、难以撼动的。

中国有句老话，叫“江山易改，本性难移”，即使是最十恶不赦的人，也会认为自己是正确的。比如，希特勒就认为，自己入侵其他国家是为了解放他们。他的最终目标就是：“我要站在世界最高的地方，向全世界上的人说一声立正！”在他的认知中，人类社会就是一个巨大的丛林，也要遵循优胜劣汰的自然法则。在这种“社会达尔文主义”的叙事框架中，希特勒给自己的行为赋予了充分的正当性与合法性。

从心理学的角度来说，这种现象叫作认知固化。

认知的固化与进化历程密不可分。人类进化的历史中，面对危险重重的环境，需要快速做出判断并坚持自己的观点，才能躲避危险，在危机四伏的环境中存活下来。所以，固执在这种情况下并不是缺点，而是一种有助于生存和繁衍的策略。因此，人类大脑发展了一种倾向，即倾向于相信自己的认知和观点，从而保持一致性和稳定性。也就是说，在大多数情况下，人都要给自己一个合理性，即认为自己的认知是正确的，甚至是绝对正确的。

认知的固化也与人类的社会性和群体认同有关。人类是社会性动物，对于群体的认同和归属感无论在进化还是生活中都起到了至关重要的作用。因此，我们往往会更倾向于相信与自己所属群体一致的观点和价值观，而对于与之相悖的信息则持怀疑态度。这种社会认同也导致了认知的固化，使个体更难接受与自身认知相悖的观点或信息。

认知的固化还与心理防御机制有关。面对威胁或挑战时，人类往往会采取各种防御机制来保护自己的自尊和自我形象。其中，否认、投射和转移等防御机制可以帮助个体在面对与自身认知不一致的信息时保持心理平衡。这些防御机制可能导致认知的固化，使我们更难以接受新的信息或观点。

所以，可以说，不是某类人难以改变，而是我们每个人都难以改变。生活中的很多问题，都是想要改变对方，让对方按照自己的方式生活而产生的。当两个人拥有不同的生活习惯、兴趣爱好或价值观念时，往往会发生冲突和摩擦。有意思的是，即使再相像的两个人，也会存在这些差异。

比如，我有个朋友喜欢钓鱼，经常一出去就是一天，夫妻俩经常因为这件事吵架，后来竟然离婚了。站在妻子的角度，丈夫喜欢钓鱼，这件事是无法理解的。她会想，钓鱼有什么意思，有这时间还不如在家里多陪陪孩子。站在丈夫的角度，钓鱼只是自己的爱好，周末出去玩一玩也无可厚非。妻子想让丈夫放弃爱好，丈夫想让妻子改变看法，一来二去，矛盾越来越多，最后也只能走到离婚这一步了。

两个人相处，尤其是亲密关系中的两个人，由于接触的时间多，共同面临的问题多，产生矛盾和分歧是在所难免的。最好的解决办法就是避免使用暴力。这里的暴力，既包括语言暴力，也包括直接的暴力冲突。说再多的套话和空话，都不如找到一种实用的、能够有效解决矛盾的方法。

非暴力沟通（Nonviolent Communication, NVC）是由美国心理学家马歇尔·卢森堡（Marshall Rosenberg）提出的一种沟通原则，被广泛认为是一种有效的沟通和冲突解决方法。在几十年时间中，非暴力沟通被全球众多学校和教育机构采用，用于改善师生关系、提高学生的情商和社交能力。甚至在国际和平和冲突解决领域也发挥了重要作用。例如，在中东、非洲和东欧等地，非暴力沟通被用来促进和平对话，缓解社会和政治紧张局势。在心理治疗方面，非暴力沟通也被心理治疗师和辅导员广泛采用，帮助个体和家庭解决关系中的矛盾和冲突。

非暴力沟通的要点包括以下四点：

观察（Observation）

观察是指客观地陈述具体的事实，而不是主观的评价或判断。它要求我们描述所看到的、听到的或感受到的具体行为或情况，而不夹带任何个人的观点或评论。这样可以避免因评价和指责引发的防御和对抗。

拿我那位离婚朋友的例子来说。妻子说：“你一天天就知道钓鱼，家里什么事都不管。”这是指责，而不是观察。可以换一种方式：“你今天也要出去钓鱼呀？”这是观察到的事实，而不是评判。

感受（Feelings）

感受是指表达自己在特定情境下的情绪和感受，而不是隐藏或忽视它们。我们需要明确、具体地说出自己的情感，而不是模糊或含混不清。这样有助于让对方了解我们的内心状态，建立更深的情感连接。

还是用上面的例子来说。妻子说：“你周末老出去钓鱼，咱们一家好长时间没一起出去玩了。”这就是感受。

需要（Needs）

需要是指揭示导致我们感受的根本需求。这一步骤要求我们深入思考自己的内在需求，并将其明确地表达出来。了解并表达自己的需求，有助于对方理解我们的行为和情感，促进问题的解决。

比如，朋友的妻子可以说："你平时上班忙，我和孩子都想陪你好好放松一下。"

请求（Requests）

请求是指明确地提出具体的、可行的请求，而不是含糊其词或暗示。这一步骤要求我们清楚地表达希望对方采取的行动，且请求应该是积极的、具体的和现实的。

比如，那位妻子可以说："这个周末能陪我和孩子去公园玩一趟吗？"

妄想改变对方，那不是生活，那是战争。真正的生活，是接受彼此的差异，理解对方的立场，尊重对方的选择，学会妥协和包容，并通过自我反省和成长，找到关系中的平衡。只有这样，我们才能建立起和谐、稳定的关系，让生活充满幸福和温暖。真正美好的关系，不是通过改变对方来实现的，而是在彼此的吸引和理解中，逐渐走向和谐与共鸣。

两个人很精彩，一个人也很自在

两个人时，生活像一场交响乐，每一个音符都因彼此的存在而变得丰富多彩；相互扶持，携手并肩，时光流转间，幸福在彼此的眼眸中闪烁。然而，一个人时，生活亦有其独特的美丽，仿佛一幅静谧的水墨画，每一笔都是心灵的独白，自由而宁静。

我有个堂妹，很优秀，在某一线城市的大事务所做会计师，收入颇丰，却一直是家里的“老大难”。每次只要过年过节一回家，马上就会成为七大姑八大姨的焦点。究其原因，就是因为她是“大龄剩女”。

这个说：“不结婚怎么行？”那个说：“没孩子可不行，以后老了谁给你养老？”第三个更夸张，直接挤眉弄眼地说：“你赚这么多钱，要是没个一儿半女的，以后全都便宜别人了。”

她其实潜台词是“吃绝户”，只是在人多的地方，又当着正主的面，不好意思说罢了。

这些七大姑八大姨真的是为了堂妹好吗？我看未必。有件事我印象特别深刻。前两年我费尽九牛二虎之力，七拼八凑终于买了套房，过年回家时，这位亲戚的脸色明显不太对劲，一个劲儿跟我说：“还是住在农村好，自在。”我点头附和。她又说：“住那么高，万一有个火灾什么的，都没地方跑。”我这才知道，她哪是为我好，纯粹是“恨人有笑人无”。连亲戚都是这样，何况是陌生人呢？

每个人都希望别人过得比自己差，这是人性的弱点。这种心理，源自人类内心深处的不安全感和嫉妒心。七大姑八大姨对我堂妹的所谓“关心”其实更多是一种投射，她们无法接受堂妹在事业上取得成功，而自己却没有达到同样的成就。她们通过批评她的婚姻状况来找到一种心理上的平衡，让自己感觉优越一些。

这种心态在我们的日常生活中并不少见。比如，有人看到同事升职加薪，不是发自内心地祝贺，而是在心里酸溜溜地想着：“他怎么升职了？我比他强多了。”或者听说朋友创业失败，表面上表示惋惜，心里却在暗自庆幸：“还好我没冒险。”

回到我堂妹的故事，她面对的困境不仅仅是婚姻状态的问题，更是来自家庭和社会的巨大压力。她的成功让她在职场上如鱼得水，但在亲戚的眼中，她的成功似乎并不那么重要。她们更关注的是她的婚姻和孩子，因为在她们的价值观里，结婚生子才是一个女人最重要的事情。

这种观念的冲突使得堂妹在家庭聚会中倍感孤独。她的成就和努力被忽视，而个人选择却被不断放大和指责。每次她回到家中，都仿佛走进了一个充满审判的法庭，而那些亲戚则是自以为是的审判官。他们的标准简单而单一：女人应该结婚，应该生子，应该按照传统的路径走下去。

然而，这些亲戚真的理解堂妹的生活和内心吗？他们能体会到她在大城市打拼的辛苦和努力吗？她的每一步都充满了挑战和压力，但她依然坚持走自己的路，因为她知道，这才是她真正想要的生活。她的选择并没有错，只是与传统观念不同而已。每个人都有权利选择自己的生活方式，婚姻和孩子并不是衡量一个人成功与否的唯一标准。

还好，我堂妹是个很通透的人。去年，她在离家不远的小城市买了一套房子，又跳槽到了更好的公司。吃饭时她跟我说："人这一辈子，说短不短，说长也不长。和世界比起来，人真的就像一粒尘埃一样渺小。我年轻时享受了，老了受点罪是我该得的。等我死了，就把器官捐献给有需要的人，你再帮我个忙，把骨灰扬到海里去。”

苏轼被贬到黄州之后，经历了人生的大起大落，泛舟水上，望着天边的明月，感受着江上的微风，写下了千古雄文《赤壁赋》，其中有：“寄蜉蝣于天地，渺沧海之一粟。哀吾生之须臾，羡长江之无穷。挟飞仙以遨游，抱明月而长终。”

人生在天地之间，和蜉蝣之于滚滚东流长江有什么区别呢？对于世界来说，生命也不过是一瞬间而已。我们作为人，生下来就被社会纳入了整体的叙事中。社会要求我们要找到另一半，要成婚，要生子，要事业有成，要赚钱养家，要疲于奔命，要……

然而，在夜深人静的时候仔细想一想，这真的是我们自己想要的吗？

在这个匆忙的世界里，我们常常被社会的期许和规范左右，被生活的琐事困扰，似乎一直在追逐着别人眼中的成功和幸福。但是，当我们停下脚步，静下心来思考，或许会发现，生命的意义并不仅限于这些表面的功名利禄和物质财富。

社会给我们规定了各种角色和期许，但我们也应该学会独立思考，找到适合自己的生活方式和人生目标。或许，真正的幸福并不在于追求外部的成就和物质，而是在于内心的宁静和满足。我们可以选择去追求内心的平静和自由，不受世俗的束缚，活出真正属于自己的人生。

两个人固然很精彩，但一个人也可以很自在。正如钱锺书在《围城》中所说："婚姻就像一座围城，外面的人想进去，里面的人想出来。"婚姻只是一种生活方式，而不是，也不应该是所有人的生活方式，爱情也同样如此。

《中庸》里说："莫见乎隐，莫显乎微，故君子慎其独也。""慎独"就是独自面对自己的内心，去审视自己，发现自己，学会与自己相处。曾国藩也在家书中不断告诫子侄："慎独而心安。自修之道，莫难于养心；养心之难，又在慎独。"

希腊圣城德尔斐神殿上有一句著名箴言："认识你自己。"虽然只有简单的几个字，但却是最难做到的。

独处是一种艺术，它让我们有机会与自己对话，深入了解自己的内心世界。独处时，我们可以放下所有的外在干扰，专注于自己的内心，寻找内心的平静和满足。独处并不意味着孤单，而是一种与自己的亲密关系。在独处中，我们可以做自己真正想做的事情，追求自己的兴趣和爱好。无论是读书、写作、画画，还是散步、冥想、旅行，独处的时光让我们享受到纯粹的自我时光，感受到生命的独特韵味。

一个人的生活，给了我们更多的时间和空间去自我成长。我们可以在这段时间里，专注于自己的事业和目标，追求个人的梦想和成就。没有了外界的干扰，我们可以更加专注和投入，发挥出自己最大的潜力。

即使一个人也可以过得很好，享受孤独，而不是畏惧孤独。

毁掉你人生的不是懒，而是托付感

将自己的生活托付给别人，便开始逐渐忘记自己也有选择生活的权利。

人们总是习惯把人生的失败归结于懒惰，以为只要足够勤劳，就一定能把日子过好。然而事实上，在现实生活中，有大把吃苦耐劳、做事勤奋的人，也总是能将日子过得一团糟。可见，真正能毁掉我们一生的，未必是懒惰，而是：将自己的生活，将自己的命运，托付到其他人身上。

高中时我曾随父母参加过一个邻居家姐姐的婚礼，那是一个非常优秀的女孩，长得漂亮，学历也高，据说她本来已经拿到了公费出国的机会，但为了恋人最终选择留在国内结婚。

在婚礼上，那位姐姐的父亲在致辞时这样对新郎说道："前半生，她是我们的掌上明珠，被我们如珠似宝地宠爱着，从今天起，她的后半生我们就交托给你了，你要让她幸福快乐！”

现场掌声雷动，新娘目光盈盈地看着她的新郎，郑重其事地将自己的手放在新郎手中，仿佛从此之后这个男人就是她的全世界一般。

那场婚礼给我留下了非常深刻的印象，倒不是因为婚礼本身有多盛大，而是我总忍不住会去想，一个人后半生的幸福快乐，真的可以这样轻易寄托在他人身上吗？

后来听说，那位姐姐婚后的日子过得并不算好，她的丈夫是个风流的人，当初在恋爱时就已经习惯了拈花惹草，也正是因为这样，那位姐姐才放弃了出国的机会，一心只想着早早结婚定下来。

可结了婚又怎么样呢？他的风流性子并未收敛，而她则使尽浑身解数，所有的时间和精力都耗费在和外面的“狐狸精”们斗智斗勇上，事业方面毫无寸进。再后来，为了照顾年迈生病的公婆和年幼的孩子，她干脆直接辞职，在家做起了全职太太。

之后我们就搬家了，我也没有再见过那位姐姐。只是在多年之后，偶然在聊天中听到母亲提起，说在街上碰到那位姐姐，她早已不复当初的青春貌美，满脸愁苦地拉着母亲痛斥丈夫的

种种不是，末了只叹息一句：当初结婚时说会让我幸福快乐，现在却是这个样子，男人的话真是不可信啊！

那位姐姐并不是一个懒惰的人，事实上，她在这场婚姻中的付出，恐怕比那些在职场上拼杀的年轻人还要多得多。她要应付丈夫的花心，要防备随时可能上位的“小三”“小四”，要照顾公婆，要教养孩子……可结果呢？并不懒惰，甚至可以说相当勤奋的她，却最终把自己的人生过得一团糟。

可见，真正毁了人们一生的，不是懒惰，而是将自己的一辈子轻易就寄托在别人身上的托付感。

无论是这位姐姐，还是她的父母，似乎都已经默认了这样一个观念：她后半生的幸福快乐都是寄托在丈夫身上的。正是因为默认了这样一个观念，她可以为了守住这样一个不专一的男人而轻易放弃出国的机会,可以为了捍卫这样一个危机四伏、摇摇欲坠的婚姻而赔上自己的一生。

这是一件多么可怕的事情，当我们在潜意识中认为自己的命运掌握在别人手里后，哪怕我们勤劳、勇敢，拥有可以为自己创造幸福的能力，也可能因为潜意识中的认知而将自己的思维禁锢起来，忘记了其实我们自己也有选择生活的权利，忘记了我们完全可以依靠自己的力量去掌控命运。

结婚的时候，不是想着靠自己过好日子，而是希望对方负担起自己对幸福的所有渴求。

找工作的时候，不是想着靠努力证明自己，而是希望遇到一个赏识自己的老板。

……

我们很多人都是这样，忙着将自己的人生切割成很多小块，分别托付给了不同的人。这种托付感往往比懒惰要可怕得多，它就像毒品一样，悄无声息地蚕食我们的意志，让我们不知不觉沉浸其中，失去独自站立的能力。

不久前，我偶然遇见刚上大学的亲戚家孩子，他的眼中满是迷茫。他对我说：“以前上学，前方有一个很明确的目标，就是高考。每天的时间也被老师和课表安排得明明白白、满满当当。那时候觉得日子真难熬，总盼着赶紧得到自由，然后去做自己想做的事情。

“可等真的上了大学之后，课程越来越少，时间越来越多，没有了老师和父母的督促和监督，反而不知道该干什么了。一个学期不知不觉就在浑浑噩噩中混了过去，总觉得心中怅然若失，却又连自己想要什么都搞不清楚。”

这大概是每个人都曾经历过的阶段，我们总以为自己向往自由，可当真正触及自由的时候才会发现，原来自己早已经在不知不觉中缴枪投降。这就像提线木偶一样，以为挣脱绑在身上的线就能自由起舞，可等线真正断了的那一刻才发现，失去了它的支撑，连站立都变得如此困难。

人生是一场漫长的跋涉，活着，经历着，坚持着，本就是一件可喜的事情。一撇一捺组成一个“人”字，这是支撑我们走路的两条腿。

如果你觉得生活过得不如意，当你遇到难题，或充满挑战时，这时候不要抱怨命运，不要责怪他人，而要从自身角度出发去改变现状。认真思考你想过什么样的生活，你为之努力了吗？如果自己做得还不够，那就做出积极改变。害怕，坚持。困难，克服。不会，去学。想要，去做。

当人生大部分事情是靠自己解决时，内心会充满一种踏实的掌控感。可控的事情越多，你的内在力量就越强大，也就越能吸引和征服别人。

有些人只是朋友，也止于朋友

朋友和恋人，就那么一步的距离，
却是两种完全不同的相处方式。

阿莱有一个从小玩到大的“发小”，她有一个好听的名字——青梅。两人一直以兄妹相称，因为是邻居，又是同校，经常一起上学，一起写作业，一起回家，一起玩耍，无话不谈。他们之间的关系真的很好，受了什么委屈可以找对方哭诉，心情好的时候，也可以把对方叫出来吃喝一场。

随着懵懂的年纪过去，有一天阿莱对我讲，发觉自己鬼使神差地喜欢上了青梅。我尽力地劝说他，千万不要冲动，因为看得出来，青梅对阿莱的感情很单纯，就是对邻家哥哥一样的信赖，保持这种分寸对彼此都好。阿莱当时听了话，但他不甘心只做朋友，后来还是没有控制住自己，和青梅表白了。

“我喜欢你。”

“我一直把你当哥哥。”

“我不想做你的哥哥。”

落花有意，流水无情。表白失败，阿莱和青梅之间的关系变得尴尬起来！

或许是不忍心放弃这段关系，或许是搞不清自己的情感，在痛苦和矛盾中挣扎了一段时间，青梅居然同意和阿莱尝试着恋爱。

谁说朋友不能做恋人？一开始阿莱信心满满，觉得两人相互了解，一定会相处得更好。但关系转变后，角色不一样了，在朋友关系中阿莱都是肆无忌惮地想什么说什么，而在恋人关系中他希望能让对方看到更完美的自己，结果变得扭捏拘谨起来，而且总有一种心事被对方洞悉的感觉。

这种感觉怪怪的，两个人都变得沉默了许多，谁也不好意思先提分手。

这不是个例，当好朋友成功转化为恋人后，许多人会发现，一旦越过了朋友的界限，由于生活中的交集增多，彼此的关系再也不可能像从前那样单纯，不能和以前一样从容地面对面，有些话也慢慢不能和对方倾诉，甚至无休止地爆发矛盾。就那么一步的距离，却是两个完全不同的相处方式。

为什么会这样？因为朋友和恋人，在相处模式以及角色认定上，有着根本性的区别。

所谓朋友，是不分年龄、不分性别，但能够相互尊重、相互分享,并且在对方需要的时候能够给予力所能及的帮助的人。

所谓恋人，是相互迁就、相互磨合，甚至相互争论，但又相互依赖的混合体。

和友情不同，爱情还具有独特的三要素。

激情：情绪上的着迷，认为对方有强烈吸引力，也可以简单理解为生理上的性欲。

亲密：两人在爱情中靠近对方、给彼此带来的舒心和温暖。

承诺：开始爱一个人的决心（短期承诺），以及长远经营天长地久的一种至死不渝（长期承诺）。

这就是著名的“爱情三角理论”，由美国耶鲁大学心理学教授罗伯特·斯滕伯格提出。

你们是友情还是爱情？只要细心体会、仔细留意是很容易辨别的。

朋友生病了，你会担心 Ta。但若是你爱着 Ta，这种担心会伴着感同身受的病痛，仿佛是和 Ta 一起生病了。

和朋友在一起时，你会开心，会惊喜。但“每一次当爱在靠近”，你会感到心跳加速，手心出汗、说话声音颤抖……这和朋友带来的短暂心跳变化是很不一样的。

哪怕是再好的朋友，你也可以接受短暂的分离。而对这个你心中已燃起爱意的 Ta，你会渴望频繁的交流和互动，一天不见就会怅然若失。

…………

你把一个人当成朋友还是爱人，你的情绪和感受会真实地反映出来，而爱情带给我们的往往要比友情强烈。你可以根据自己的具体表现制定一个“感受强弱度”评分标准，然后在和不同朋友相处的过程中，记录下每次感受的强度。据此，你也就可以判断出这段关系究竟是友情还是爱情。

虽然一般恋人都是从朋友过渡的，两个人往往也是慢慢日久生情的。但有些人只适合做恋人，有些人只适合做朋友，朋友与恋人之间的界限是必须要划分的。更多的时候，男女之间也不一定要把好的朋友关系上升到情侣一面，有时候当朋友反而是最好的，因为友情有时比爱情更长久。

法国曼特农夫人曾说过这样一句名言：“爱和友情之间存在一个重要的不同之处。前者欢愉在极端和对立之中，后者需要的则是平等。”

这里的“极端和对立”以及“平等”，你能真正领会其意思吗?

两个人很精彩，一个人也很自在。

Part6

有边界感的父母，是孩子一生的福气

真正的爱是“一碗汤的距离”

再亲密的亲子关系，也需要一个平衡的距离，才能保证引力的稳定性不被斥力而取代。

父母与子女是非常亲近的关系，但再亲密的关系也需要一个平衡的距离，才能保证引力的稳定性不被斥力而取代。

如果父母没有距离和隐私意识，过度保护或干涉孩子，只能带给孩子性格上的依赖与幼稚；如果孩子过度突破了这个距离，向父母提出更多要求和索取，那么父母就会感到疲惫、劳累、愤怒等。如果纵容孩子如此，也会让孩子过度地依赖、不成熟，让彼此之间产生种种矛盾与冲突。

耀辉属于晚来得子，他的妈妈早年身体不好，药物调理了好几年，三十二岁才生育了他。从小，作为独生子的他就享受着父母全心全意的爱和呵护，尤其是妈妈，简直就是他的贴身保姆，生活中衣食住行的每个环节，无不一一考虑周到。至今耀辉还未曾洗过一件衣服，更别提做其他家务。

高二的时候，妈妈见耀辉有心事，便偷偷看了他的日记。发现儿子有喜欢的女生，妈妈就跑去学校大闹。后来耀辉不再写日记，变得沉默寡言，妈妈又开始用跟踪的方式来了解他，当耀辉对妈妈所做的这一切表示不满时，妈妈却反问："我只想知道你在做什么，你在想什么，这有什么不对？"

为了摆脱妈妈对自己的控制，耀辉上大学时选择住宿。这是他第一次独立生活，然而他习惯了衣来伸手、饭来张口的生活，在学校里生活几乎不能自理，不会到食堂打饭，不会洗衣服……而且，他觉得别人都应该为自己服务，但没有人会和妈妈一样迁就自己，他只能不停地向家人诉苦。

毕业后耀辉找工作时碰了几次壁，于是干脆待在家里不出门。一旦父母唠叨几句，耀辉就会反驳："谁让你们没有本事，不给我找份好工作。"

是什么原因让耀辉说出这样的言辞？难道都是耀辉的错吗？其实更多的错在父母。

受传统观念的影响，大多数父母认为健康的亲子关系就是越亲密越好。为了实现这种亲密感，父母打着"爱"的旗号，给予孩子许多丰厚的物质，以为这是孩子最需要的；给孩子灌输一些我们“自以为是”的思想，以为这是最正确的；替孩子做很多事情，甚至横加干涉，以为这是最深的爱。

曾在某本书中看到这样一句话，印象深刻：“最可怕的是用父母的幸福来栽培孩子的幸福。”这句话值得每一个父母深思。很多时候，我们把自己对于幸福的理解强加在孩子头上，不惜代价去帮助孩子实现，但悲哀的恰恰是：自己的幸福换来的不是孩子的幸福，反而给孩子的健康成长埋下隐患。

每个孩子都是独立的个体，孩子更不是父母的附属物品，彼此之间必须保持适当的距离。一般来说，两周左右的孩子便开始有了模糊的自我认知，对很多事物都有了自我的概念和独立的意识，比如“这个东西是我的”“我想做什么”……随着年龄的增长，这种意识会越来越明晰。

在这里，我们可以用距离来衡量亲子关系。

出生到五岁——零距离。这几年，孩子的世界几乎只有父母。

六岁到十二岁——家跟学校的距离。此时，孩子不再喜欢整天待在父母身边。

十三岁至十八岁——出现代沟。这一阶段孩子处于青春期，喜欢事事跟父母对着干。

十九岁到三十五岁——因上学、工作、成家等原因，彼此渐行渐远。

三十五岁以后——孩子慢慢体谅父母的不易，重新关心父母。

在不同的阶段，父母和子女之间的距离是不同的。双方只有站在正确的位置，才能更容易成长和成熟。要做到这点，需要家长视子女为朋友，平心静气地倾听、了解孩子的想法，尊重他的意见并作为参考，与子女始终处于平等地位，共同讨论出最适合彼此的方式，亲子关系才能紧密相连。

关于亲子关系有一种说法叫“一碗汤的距离”，从字面上理解就是炖个汤,端到孩子家时刚好能喝,近了太烫,远了太凉。

朋友李娜的姑母和姑父都是人民教师，他们年轻时赶上“计划生育”，只生了一个儿子。在他们的教育秘诀中，其中的一条就是不干涉孩子做选择。

高二的时候，李娜的表哥喜欢上了玩吉他，而且很是痴迷。在这种关键时刻，换作一般的父母肯定会斥责孩子不务正业，但李娜的姑母和姑父看上去却不着急，他们没有责怪自己的孩子，而是告诉他："每个人都应该做自己喜欢的事情，但前提是不能耽误学业。如果高考能考好的话，我们就给你报个吉他培训班。"

李娜的表哥左思右想，最终决定好好学习，精神头越来越足，终于考上了一流大学。

关于专业，关于工作，关于婚姻，李娜的姑母和姑父对孩子向来是"听天由命"，从来不会多插手，而是鼓励他自己选择。亲戚朋友们对此质疑，李娜的姑父则说，"他年纪不小了，走弯路也不要紧。人生的路很长，总要自己摸索才能成长。"

李娜的表哥结婚时，姑母和姑父一次性出资三十余万元，买了一套小两居，供作小两口的新房。旁人议论道，老两口只有一个儿子，家里的大三居足够住了。为了自己的儿子，真叫一个舍得。李娜的姑母和姑父却说："这么做，也不全是为了儿子。眼看着自己年纪越来越大，我们这么做也是为了一家和谐！"

原来，这套新房就在隔壁小区，走路也就十分钟路程。每天下午，已经退休在家的李娜的姑母和姑父会早早动手，烹制一顿丰盛的饭菜。傍晚，上班忙碌了一天的儿子儿媳，也不用自己做饭，就回到父母这里“蹭饭”，大家其乐融融。饭后，小两口收拾完了碗筷，和父母聊一会天，就回自个新房去了。

孙子出世后，李娜的姑母和姑父白天照看孩子，忙得不亦乐乎，但仍维持原来的生活模式，每天只共进一顿晚餐。饭后，儿子一家三口仍是回小家睡觉。

按照此种模式，李娜的姑母姑父和儿子儿媳一直相处得和和睦睦。老人家但凡有个头疼脑热，儿子儿媳会第一时间就近照顾送医。

如今，邻居们都羡慕老夫妻俩当年的眼光，齐夸这种不远不近的生活模式真好。

挨着，但不紧黏着。既能每天见面，双方又各自保持一定的距离和私密空间，避免待在一起时间过长引发的矛盾。这，就是姑母和姑父的智慧所在。

每个人都是独立的生命个体，父母与子女之间更是一场渐行渐远的修行，改变那种支配和指挥一切的错误观念，彼此有爱，互不干涉，这种尺度才是最好的关系模式。

时刻牢记这一点，父母对孩子的教育会顺利得多，亲子关系也会融洽得多。

允许指点，但请别指指点点

孩子不是你的附属品，而是一个人格独立，有自己的思想和情感的独立个体。不要把孩子当成一个随意揉捏的“泥塑”，这是合格父母的前提。

前一段时间坐电梯，正好碰上放学时间，电梯里挤满了孩子和家长，我那位邻居和她家的小女孩也在，我们称妈妈为李姐，称小姑娘为媛媛吧。媛媛和同学住在同一层，同学按了楼层，正准备按关门键时，媛媛把她的手推开了，眨着眼睛说：“以后咱们得定个规则。如果你按楼层，我就按关门键；如果我按楼层，你就按关门键。”两个孩子正准备通过“拉钩”的形式缔结盟约，没想到，李姐立刻不乐意了，对媛媛说：“玩就玩，哪来的那么多规矩。”媛媛脸色立刻沉了下来，一句话也不说了。

还有一次，媛媛在楼下和两个同学玩，她来得晚，又想要加入朋友们的游戏。那两个孩子就让她围着小区的花坛跑30圈。花坛不大，跑一圈也就十几秒的工夫。媛媛跑了几圈，大概是觉得有点累，就哭着回家把李姐叫了下来，说两个孩子欺负她。李姐火冒三丈，把两个孩子训了一顿，拉着媛媛回去了。这件事我旁观了整个经过，后来李姐跟我说："现在的孩子真不得了，这么小就学会欺负人了。我跟媛媛说了，以后有这种事马上回来叫我，真是反了天了。"

这件事我其实是能理解的，毕竟孩子"告状"肯定是朝着有利于自己的方向说，家长听见孩子在外面受了委屈，肯定是有"应激反应"的。不过，从这两件小事也能看得出，李姐很喜欢插手小孩子之间的争端，希望孩子们都能按照自己制定的规则，用成年人的方式相处。对于自家孩子，她更是如此，管教极严。

她给孩子报了美术班，学了一年没什么进展，非常生气，把孩子骂了一通，说孩子不好好学习。班里组织活动，她每次都十分踊跃。有一次老师让想表演节目的孩子举手，媛媛没有报名，回来又被训了一顿，李姐专门联系老师把名字报了上去。中午休息两个小时，媛媛在家最少得刷一份试题，晚上回家还要刷另一科的。班里组织义卖活动，媛媛不仅把带的十元钱全都花完了，还借了同学几元钱，李姐又把她凶了一顿，说她不懂得节约，没有节制。诸如此类的，还有晚上9点前必须睡觉，不能吃雪糕，不能吃汉堡，不能顶嘴，不能反抗，等等。

无论把谁带入这样的家庭环境，大概都会觉得喘不过气。孩子们在楼下玩，其他孩子家长让上楼时，孩子们都会讨价还价一番，只有媛媛是最听话的，如臂使指。李姐每次都非常自豪，因为孩子听话让自己长脸。她的法宝就是掐，狠狠地掐，一次记不住就多掐几次。

你是不是也发现了？李姐的教育理念就是先制定一套规则，然后让孩子严格按照这套规则执行，一旦出现偏差，就使用暴力进行惩罚，直到孩子循规蹈矩。

精神分析学派创始人弗洛伊德认为，人的发展有两个重要阶段：第一个是自由法则，第二个是权威法则。所谓自由法则，是指孩子从幼年到青春期时期，是非不分，孩子通过试错来逐渐建立自己的道德观，这个时期是“不知道自己在做什么”的时期；权威法则是指孩子从青春期到成年时期，开始逐渐有了自己的责任和义务感，开始学会了“知道自己在做什么”，明白了做某些事会引发什么样的后果，这个时期开始意识到了“社会规则”和“法则”。这两个阶段的转换是一个渐进的过程，而不是一个截然的分界点。

在孩子处于自由法则的时期，他们需要的是自由发展，而不是过度地干预和规训。父母应该给予孩子足够的空间和自由，让他们通过自己的实践和经验来建立自己的价值观和道德观。对于孩子的错误行为，父母可以通过引导和教育的方式来纠正，而不是通过惩罚和压制来解决问题。否则，过度的规训和惩罚会导致孩子产生逆反心理，影响他们的健康成长。

通过规训与惩罚教育出来的孩子，很容易出现情绪不稳定、自我意识不清、对权威依赖过度、缺乏自信心、缺乏自我管理能力、逆反心理等问题。他们可能会在面对挫折和困难时无法有效地应对，容易产生消极情绪和行为，如焦虑、抑郁、愤怒、暴力倾向等。

他们还会对权威和规则产生过度依赖，缺乏自主性和独立思考能力，难以适应社会生活的变化和挑战。此外，这类孩子也很容易对自己和他人产生负面的情绪和态度，对待生活和人际关系缺乏积极的态度和行动，导致人际关系紧张和社交问题。

教育孩子，最好的方式应该是引导，而不是强制，这才是真正的教育。成为合格父母的前提是，在人格上把孩子当成“大人”看，给予充分的尊重和理解。在安全和原则问题上，把孩子当成“孩子”看，不要急于求成。

这是成为合格父母的前提，而不是“加分项”。

“我都是为了你好”是最大的谎言

有多少伤害，都是以“为你好”的名义造成的？喜欢说这句话的父母，不是真正的为孩子负责，而是“绑架”。

“我们辛辛苦苦工作，还不是为了你好，你考这点分对得起我们吗？”

“我们对你要求严格，还不是为你好？考不上大学，你这辈子就完了！”

“你爸打你都是为你好，还不是希望你能成才？”

“我让你上师范还不是为你好，以后出来当个老师，工作稳定离家近，你有什么不愿意的？”

“我让你嫁给他还不是为你好，一天天情情爱爱的有什么用，过日子是要花钱的！”

“我让你生孩子还不是为你好？等你老了没人照顾，后悔都来不及了！”

“我让你再生一个还不是为你好？一个孩子长大后连个商量的人都没有。趁我和你爸还年轻，能给你看孩子，你们赶紧再生一个。”

“不让你离婚还不是为你好？他虽然脾气不好，有时候还动手，但话又说回来，谁家没有这些事呢？替孩子想想，离婚了孩子多可怜，忍一忍就过去了。”

有多少伤害，都是由“我都是为了你好”这句话造成的。喜欢说这句话的父母，看似关心和爱护，但实际上是站在道德高地，对孩子自主选择权的剥夺，想要用这种方式来控制孩子，替他们规划人生道路。在他们看来，孩子就是自己的附属品，没有选择的权利，“听话”是唯一的原则，其他都不重要。殊不知，每个人都有自己的生活和决策权利，而这句话却将这些权利剥夺殆尽。无论是父母对孩子，还是长辈对晚辈，这种做法都会让人感到被操控和压迫，令人窒息。

很多父母喜欢用这句话来劝导孩子做某些事情，比如选专业、找工作，甚至是婚姻选择。孩子们在这种情况下，往往会感到自己的选择被否定，自己的意愿被忽视。这不仅会让孩子感到不满，还会影响他们的自主性和独立性，甚至可能导致逆反心理。

很多时候，“我都是为了你好”这句话背后隐藏的是一种控制欲。这种控制欲并不是出于恶意，而是因为说话者（通常是父母或长辈）对未来的不确定性感到焦虑。他们希望通过自己的经验和判断来帮助对方避免可能的风险和错误。然而，这种控制欲在不自觉中变成了对他人生活的干涉和掌控。

当下互联网有一句流行语：“父母如果从商从政，你要听父母的，如果父母是农民，一定不能听他们的。”我个人非常反感这种以身份和职业确定认知的叙事，所以要把它改成：“父母的认知高，一定要听父母的，父母如果认知低，一定不能听他们的。”大部分情况下，一个人的成就并不是由学历所决定的，而是认知。一个高认知的人，能够明白社会的运行规则，认清自己的定位，这往往比学历和资源还要重要。所以，喜欢说“我都是为了你好”，帮孩子规划人生道路的人，你确定自己的认知跟得上时代，生存条件和生活水平处于中上游，能够为孩子的一生负责吗？换句话说，你要求孩子成为“别人家的孩子”，你自己是“别人家的父母”吗？

心理学家阿尔弗雷德·阿德勒认为，所有人的行为都是为了追求一种优越感和掌控感。父母在说“我都是为了你好”时，实际上是希望通过控制孩子的生活来获得一种心理上的安慰和满足感。这种行为虽然出于好意，但忽视了孩子作为独立个体的权利和需求。

长期生活在“我都是为了你好”这种话语环境下的人，往往会出现一系列心理问题，变得自卑，觉得自己的能力不足，无法独立面对生活的困难。在心理学上，这种现象被称为“习得性无助”。即个人在面对无法控制的环境时，会逐渐丧失对自己行为结果的信心，最终变得无助和消极。父母在教育过程中，如果过度使用“我都是为了你好”这种话语，孩子会逐渐失去对自我能力的信任，形成一种依赖心理，无法独立思考和行动。

另外，每个人的成长都需要经历一定的挫折和失败，只有通过不断的尝试和学习，才能逐渐成长和进步。然而，“我都是为了你好”这种话语却剥夺了个体经历挫折和失败的机会。父母或长辈的过度保护和干预，往往让孩子失去了面对挑战和解决问题的能力。

因此，作为父母，与其用“我都是为你好”控制孩子、绑架孩子，不如尊重孩子的自由选择权，用引导的方式来让孩子做正确的事。

每个人都有权利选择自己的生活方式和未来方向。我们应该尊重他人的选择，即使这种选择在我们看来并不明智。尊重是关心的基础，只有在尊重的前提下，关心才会被接受和认可。

提供建议而非命令。在表达关心时，我们可以提供建议，但不应该强迫对方接受。建议应该是基于对方的需求和实际情况，而不是我们自己的意愿和判断。

倾听和理解。通过倾听，我们可以更好地了解孩子的想法和感受，从而提供更有针对性的帮助和支持。同时，倾听也能让对方感受到我们的关心和重视，增强他们的信心和自尊心。

支持和鼓励。在孩子面对困难和挑战时，我们应该给予支持和鼓励，而不是一味地指责和批评。支持和鼓励可以增强孩子的自信心，帮助他们更好地应对挫折和困难。

“我都是为了你好”这句话表面上充满关怀，但实际上却隐藏着控制和操纵的心理，对个人的自主选择权和心理健康造成了不利影响。父母们应该意识到，每个人都是独立的个体，应该尊重他们的选择和决策权，提供适当的建议和支持，而不是通过控制和干预来表达关心。只有这样，孩子才能在自主和尊重的环境中健康成长。

批评的“度”：就事论事，点到为止

古语云：“过犹不及，物极必反。”无论什么事情，一旦过度，就会起到反作用，批评这件事尤其如此。

据我观察，很多家长在批评孩子时，都会出现“扩大化”问题。所谓的“扩大化”，就是由一件事情延伸到另一件事，之后把孩子所有的缺点，做过的坏事全都数落一遍。在这个过程中，家长的情绪会不断放大，逐渐暴躁，最后变得声嘶力竭，歇斯底里。

举个例子来说。到了睡觉时间，妈妈叫了几遍，孩子充耳不闻，这时候，很多妈妈就会进入“战斗状态”。“叫你睡觉没听见吗？每天晚上都这样，你这孩子怎么这么费劲？”接下来，妈妈可能会看到茶几上乱七八糟的玩具，怒气值继续增加。“玩具也不知道收拾一下，全都摊在桌子上等谁给你收拾呢？

这么大了什么都不懂，什么都不会，就知道造，把家里造得乱七八糟，你一个孩子顶人家几十个！”这时候，如果孩子反驳一句，妈妈的怒气就会达到 MAX 阶段，开始回忆孩子所有的问题，一一列举。这时，孩子再也不是可爱的“天使”了，而是转变成了“混世魔王”“麻烦制造机”“行走的点火器”……

这就是典型的批评过度，相信很多家长都存在这样的情况。批评是教育孩子过程中必不可少的一部分，但如何批评、批评的“度”是一个需要深思的问题。在批评孩子时，做到就事论事，点到为止，既能达到教育的目的，又不会对孩子的心理造成负面影响。

首先，我们需要明确批评的目的。批评的主要目的是纠正孩子的错误行为，帮助他们建立正确的价值观和行为规范，而不是为了发泄情绪或打击孩子的自尊心。只有明确了这一点，我们才能在批评时做到理性、冷静，避免情绪化的言辞。

在批评孩子时，一个关键是就事论事，不要扩大化，更不要上升到“人身攻击”。具体来说，就是针对孩子的具体行为进行评价和纠正，而不是对孩子的人格进行否定。例如，当孩子考试成绩不理想时，我们可以批评他们在学习态度上的问题，比如不认真复习、没有按时完成作业等，而不是简单地说“你真笨”或“你怎么这么差劲”。

人身攻击不仅无法帮助孩子改正错误，反而会伤害他们的自尊心，导致孩子对批评产生抵触情绪，甚至可能导致自卑、逆反等一系列心理问题。因此，批评时要尽量避免带有侮辱性、贬低性的话语，而是应该用平和、理智的语气进行沟通。

批评的另一个关键在于适度，点到为止。过度的批评不仅无助于问题的解决，还可能加重孩子的心理负担，使他们产生厌学、逃避等负面情绪。适度批评的要点在于抓住问题的核心，进行简明扼要的指正，而不是喋喋不休地反复强调。

批评的时机和场合也非常重要。公众场合下的批评往往会让孩子感到羞辱和尴尬，进而产生逆反心理。因此，尽量避免在公众场合批评孩子，选择一个私密、安静的环境进行沟通，更能达到良好的效果。

此外，批评的时机也要选择适当。比如，当孩子情绪激动或刚刚经历了挫折时，不宜马上进行批评。此时孩子的情绪可能尚未平复，难以理性地接受批评和建议。相反，在孩子情绪平静、能够冷静思考时进行批评，效果会更好。

明代吕坤在《呻吟语》中说：“卑幼有过，慎其所以责让之者。对众不责，愧悔不责，暮夜不责，正饮食不责，正欢庆不责，正悲忧不责，疾病不责。”这段话中的原则，可以作为批评时机的参考。

在批评孩子之后，给予积极的反馈和明确的建议是必需的，这就是世界教育界普遍采用的“三明治法”。三明治反馈法，即“先肯定，后批评，再建议”的方法，通过结构化的反馈方式，先肯定孩子的某些优点或努力，然后指出他们在某些方面的不足，最后给出具体的改进建议。这种方式不仅能让孩子更容易接受批评，还能让他们明确改正的方向。比如，可以这样说：“小丽，最近你在家里的表现很棒，尤其是主动帮忙做家务，让妈妈很欣慰。不过，学习上还有些松懈，作业有时会拖延。为了更好地兼顾学习和家务，妈妈建议你可以制定一个时间表，合理安排时间，保证学习和家务不冲突，你觉得怎么样？”

批评的内容要具体、明确、有建设性。具体和明确的批评能让孩子清楚地知道自己哪里做得不好，而建设性的批评则能帮助孩子找到改进的方法。模糊、笼统的批评不仅让孩子无所适从，还可能让他们产生误解。

例如，孩子做题时出错，我们可以具体指出他们在什么环节出现了问题，如“你在做这道题时没有仔细读题”“你乘法口诀不够熟练”等，而不是简单地说“你太粗心了”。然后，给出具体的改进建议，比如“下次做题时先读题两遍，再开始答题”或者“做完后一定要检查一遍。”

批评的核心是理解和包容。只有在充分理解孩子的感受和需求的基础上，批评才能起到真正的效果。每个孩子都有自己的个性和成长背景，他们的行为背后往往有着复杂的原因。作为家长或教育者，我们需要耐心倾听孩子的声音，理解他们的困惑和困难，然后给予恰当的批评和指导。包容是一种重要的教育态度。包容孩子的错误和不足，给他们成长和改正的空间，让他们在不断的尝试和学习中成长。包容不是纵容，而是理性和宽容的结合，是对孩子成长规律的尊重。

批评在教育中的重要性不言而喻，但如何批评却是一门艺术。就事论事，点到为止，是批评孩子时应当遵循的基本原则。只有在明确批评目的、就事论事，选择合适的时机和场合等方面下功夫，才能真正达到教育的目的，让孩子在批评中成长、进步。

给孩子最好的成年礼是学会放手

关爱是家长的天赋与职责，但关爱过度就会演变成控制，最好的教育方式，就是在适当的时候学会放手。

你有没有发现，过去一个人能带好几个孩子，现在几个人带一个孩子反而很费劲？这个问题，其实就是对孩子的关注度不同造成的。用老人的话说，以前的孩子，有一口饭吃，拉扯着长大就行，现在的孩子，从十月怀胎开始，又是孕检，又是吃药，还得胎教。出生之后，除了纸尿裤、奶粉等生活必需品之外，从小就开始各种培训了。游泳是必需的，因为按照培训班的宣传，“小孩子学得快”。英语也得学，不能输在起跑线上。什么，你不知道现在是人工智能时代？编程得从娃娃抓起。上学之后更不得了，音乐、舞蹈、美术、播音主持、课外辅导班、奥数、体育……这些都是最基本的，你不“卷”，有的是人“卷”。一个个家长，都恨不得把自家孩子培养成下一个马斯克、乔布斯。

这种程度的时间和资源投入，当然不是以前的孩子能比的。然而，对孩子的过度关注，折射的是家长的过度焦虑。很多家长在教育过程中，恨不能替孩子把饭都吃了，在生活中，讲究一个“千金之子，坐不垂堂”。爷爷系鞋带，奶奶穿袜子，爸爸穿衣服，妈妈把饭喂到嘴里，孩子唯一需要做的，就是好好学习。殊不知，这样的教育方式，大概率只能培养出一个缺乏生活能力的“巨婴”。

每一个孩子都是一颗独立的种子，从出生那一刻起，他们便注定要在自己的土地上生根发芽，最终长成参天大树。父母作为园丁的角色，虽然在孩子的成长过程中至关重要，但最终却必须学会放手，让孩子在风雨中历练，学会独立，迎接属于自己的天空。给孩子最好的成年礼，莫过于放手，让他们学会独立面对生活的挑战和考验。

当孩子迈入成年，他们不仅仅在法律上拥有了独立的身份，更应在心理上、行为上展现出独立自主的特质。放手，首先是父母对孩子独立能力的信任。信任他们有能力处理自己的事务，信任他们能够面对生活中的困难，信任他们能够为自己的选择负责。这种信任不仅是对孩子的尊重，更是对他们能力的肯定。

很多父母习惯于包办孩子的一切，担心孩子会遇到挫折和困难。然而，挫折和困难正是孩子成长过程中不可或缺的一部分。只有通过亲身经历，孩子才能真正学会解决问题的能力，培养出面对挑战的勇气和毅力。父母的放手，是给予孩子自我锻炼、自我成长的机会。

每一个孩子都是独立的个体，有自己的思想、情感和价值观。成年后的孩子，理应有权利选择自己的生活方式，追求自己的梦想。放手，是对孩子独立人格的尊重，是承认他们有权利决定自己的未来。

尊重孩子的选择，并不意味着父母要完全退出他们的生活，而是要在尊重孩子意愿的基础上给予适当的支持和指导。当孩子面临重要决策时，父母可以提供建议，但最终的决定权应留给孩子。这样，孩子才能在实践中学会独立思考，培养出明辨是非、做出正确决策的能力。

孩子成年后，需要逐渐适应独立生活，从生活技能到人际交往，再到时间管理和财务管理，都需要在实践中不断学习和提升。放手，是对孩子独立生活的锻炼，让他们在真实的生活中学会解决实际问题。

父母可以在孩子成年前，逐步放手，让他们参与家庭事务，培养独立生活的能力。例如，让孩子学会自己做饭、洗衣，管理自己的时间和金钱，处理自己的人际关系。这些日常生活中的锻炼，是孩子未来独立生活的重要基础。

放手并不意味着父母要完全放弃对孩子的关心和支持，而是要以一种更加成熟、理性的方式对待孩子的成长。放手，是对孩子未来的期望，是希望他们能够独立自主地面对生活，追求自己的梦想，实现自己的价值。

在放手的过程中，父母要学会调整自己的心态，从过度保护转向适度支持。从孩子身上逐渐放手，意味着父母要接受孩子有可能会犯错，有可能会遇到挫折，但正是这些经历，会成为孩子成长道路上的宝贵财富。

放手是一门艺术，需要科学的方法和智慧的引导。放手的过程应当循序渐进，从小事做起，逐步扩大孩子独立承担的范围。

逐步放手

从孩子小的时候开始，让他们逐渐承担一些力所能及的任务，如整理自己的房间、打理自己的学业等。随着年龄的增长，逐步增加他们的责任和自主权。

建立信任

与孩子建立信任关系，鼓励他们独立思考和决策。在他们遇到问题时，给予适当的建议和支持，但不过度干预，让他们学会独立解决问题。

积极引导

在孩子做出重要决策时，父母可以提供积极的引导和建议，但尊重他们的最终选择。通过引导，帮助孩子形成正确的价值观和判断力。

鼓励探索

鼓励孩子探索和尝试新事物，让他们在实践中学会应对各种挑战。无论是学习新的技能，还是参与社会活动，都是他们成长的重要途径。

给予支持

在孩子遇到困难和挫折时，给予必要的支持和鼓励，但不过度保护。让孩子明白，失败和挫折是成长的一部分，关键是从中吸取经验和教训。

放手不仅是对孩子的成长负责，也是对父母自身的解放。这意味着父母要学会接受孩子的独立性，尊重他们的选择，让他们在自己的道路上勇敢前行。放手的过程，也是父母自我成长的过程，通过放手，父母学会了信任、尊重和支持，从而建立更加成熟、健康的亲子关系。

放手的意义在于让孩子学会独立自主，培养他们面对生活挑战的能力；放手的价值在于帮助孩子实现自我成长，让他们在追求梦想的道路上勇往直前。给孩子最好的成年礼，就是学会放手，让他们在属于自己的天空中自由翱翔。通过放手，父母不仅成就了孩子，也成就了自己，真正达到了教育的目的，实现了亲子关系的升华。

Part7

良性互补，建立双赢的人际交往模式

“随便，别客气”那是礼貌，你别当真

客气的礼貌是一个常识，代表着保持适当的距离和边界，也代表着在关系里不制造冲突。你是否有过这样的经历：别人随口一说的客套话，你却偏偏走了心。

“你人来就行，还带什么东西，以后不要这么客气啦。”“咱俩谁跟谁，这就是举手之劳，没必要那么见外。”“我家就是你家，千万别客气，就跟自己家一样。”

考虑到你们关系确实很好，你信了，客气了不就见外了吗？于是，去拜访别人的时候，你总是空着手，没认真准备过带什么；有事请朋友帮忙，直接一个电话，也没说些感谢的话；去别人家做客，就和在自己家一样随意。那么事实如何呢？很多时候，别人会在背后对你议论纷纷。

“总是两手空空就来，这孩子越大越没礼貌。”

“什么事都给我做，一句谢谢也没有，太不够意思了吧。”

“把我家当自己家一样，这人还真是不客气，烦人！”

……

有些客套话，你若当真，你就输了。

前同事王姐最近的生活非常糟心，事情是这样的：

这些年，王姐和老公左拼右凑终于凑足了首付，在北京买了一套百十平方米的大两居。这本是件高兴的事情，可王姐没来得及高兴几天，紧随着买房而来的却是源源不断的烦恼。

房子刚入住的第二个月，公婆和大伯哥一家就说要来看看。当时恰逢暑假，孩子们都不上学了，也想来北京玩耍。结果，大伯哥一家四口，加上公婆一共来了六个人。加上王姐一家三口，足足九个人。

王姐客气地说：“大家随意，这里就是自己家。”于是公公大大咧咧地把脏兮兮的鞋底踩在她花了几个小时打蜡的地板上；大伯哥把脚跷在了茶几上，一边抖腿一边抽烟，烟灰落了一地；婆婆对着房屋布置，大小家务，指手画脚；两个小孩躺上卧室的床，一边玩平板一边吃薯片，碎渣掉了满床……

每天看到家里进进出出一堆人，大家还非常不讲究卫生，垃圾扔得到处都是，王姐真心烦，可也不好说什么，只能忍了。

可烦恼又何止这些，王姐最不能忍的是不管大人孩子，都喜欢乱用乱拿她的私人物品。比如，婆婆会拿她的水杯喝水，自己喝完了，还要喂三个孩子喝。好几次，她碰到妯娌正对着洗手间的镜子用她的化妆品。为了这事王姐说过几次，可说了也没用，她们的理由很简单，都是一家人分那么清做什么。

最后王姐忍无可忍，和老公大吵了一架，将一家人送回了老家。“我只是说说客气话，你别当真；你要是当真了，那就是你不讲客气了。”

对于王姐的做法，我是相当理解的。

客气的礼貌是一个常识，代表着保持适当的距离和边界，也代表着在关系里不制造冲突，彼此相处得很舒服。但是我们很多人缺的不是别的，恰恰就是这样一种常识，也不明白很多时候别人说的一些客气话,只是为了显示一种亲和大度的态度，而并不是对你肆无忌惮行为的准许和认可。

什么是懂得进退？就是不随便也不随意的一种礼貌。而所有的客气话，其实都暗藏着这样一层意思：虽然我口头上是这样说的，但是希望你能有为人处世的基本准则和礼貌。我跟你客气客气，你至少也得跟我推辞推辞，最后大家和和气气，既做足了“面子工程”，也达成了双方的目的。

人与人之间想要相处得愉快，就要做到这种礼仪上的礼尚往来。

由于工作的原因，我的好友铃铛时常需要出差。学生时代的朋友，虽然分属不同的城市，但总会抽时间聚会，到了谁的地盘必得到家里秉烛夜谈，由主人家负责招待。

但近些年，铃铛出差时都会提前预订好酒店，几乎没有住过朋友家，顶多聚在一起吃吃家宴。这并不是铃铛忘记了那个约定，也不是她们的感情变得疏远，而是铃铛考虑到朋友们都已经结婚生子，自己住进去实在会给对方添不少麻烦。如果再秉烛夜谈，肯定会影响到对方的正常作息和工作时间。

参加朋友的家宴时，铃铛会精心准备一些礼品。比如，给朋友买些心仪已久的东西，给孩子买些益智好玩的玩具。有时，也会是一些简单的水果。

这虽然是一些小细节，但客气的态度反馈的是铃铛发自内心的尊重和体谅，铃铛与朋友之间自然也不会因为这样的客气而心生嫌隙，而是盈满心间的感动。

之所以做这些，正是因为铃铛懂得做人不要太随便，做事不要太随意。每一个言行举止都代表着我们自身的品质，对人客气是一个人最高礼貌的表现，这样的人无论走到哪里都会受欢迎的。无论是恋人、家人还是朋友、同事之间，当彼此真情实意的礼尚往来增加时，感情必是会增长的，人缘也会变得更好。

这不是逢迎，而是懂得在与人相处的过程中，如何保持一个舒适而又不失亲密的距离。

任何一种关系都是双方共同经营的，互相尊重，互相客气，点到即止，没什么不好。

最好的关系就是互惠互利

好的关系是一种良性互动，需要在双方的付出与回馈中不断循环反复。

关于如何经营好一段关系，我们已经列举了许多方法。但最关键的进退得宜在于互惠互利。

互惠互利的意思很明了，代表的是通过相互的有来有往，获得各自的恩惠和利益。这可以是双方面的，也或者是多方面的。

在现实生活中，如果以牺牲一方的利益，让另一方得到好处，彼此的关系往往很难维持。这段时间高坤决定做微商，主卖一款电子运动手表，考虑到朋友尚磊已经做了一年多微商，他便经常向尚磊请教！尚磊是个热心人，对朋友更是慷慨，他见高坤是新手，便热情地帮着指点，并免费带他做了一个月。在这期间，因为高坤刚开始做没什么人气，尚磊还将自己的一些客户介绍了过来。

有一次，尚磊要去物流公司拿一批新货，由于他的汽车正好限号，于是叫高坤开车和自己一起去。高坤却说自己有点事，时间上不充裕，拒绝了这一要求。见高坤的态度很坚决，尚磊没有多说什么，而是打了出租车。

为了增加客户量，高坤通过电话、短信、微信等，一一通知自己认识的人，让大家帮忙转发消息，他还专门给尚磊发了购买链接，让他先给自己捧捧场。而尚磊呢，平时都是在健身房做运动，很少跑步，也不知道这款产品质量怎么样，但他不好意思明说不需要，又不好意思不买，便购买了。

谁知后来只要有了新款，高坤就会主动联系尚磊，让他给自己捧场，不买就说不够朋友。而尚磊的产品，他从来不购买，也不支持。

渐渐地，高坤的行为引起尚磊的不快和反感，和他断了联系。

如果你身边有高坤这样的朋友，你是否会和尚磊一样和他渐行渐远？

答案是肯定的，试想，如果有一个人，没有能力，没有资源，没有人脉，一有困难就跑来找你，当你需要帮助的时候，他对你而言却毫无用处，甚至躲在远处袖手旁观，这样的人你会愿意和他做朋友吗？恐怕不会。毕竟，好的关系从来不是一方的施舍，而是一种双方的等价交换。

互惠互利听上去有些功利，受传统观念的影响，我们在交往中更愿意谈感情，而忌讳谈功利。然而，人际交往都是为了满足双方各自的需求，而人际交往的延续或不断加深的必要条件就是：交往双方的需求和需求的满足必须保持平衡。没有目的的情感是缺乏基础的，更是盲目的。

反观尚磊，虽然他也做微商，刚开始也没有什么人气，但他从来没鼓动朋友们来购买自己的产品，也很少像高坤一样习惯性地去麻烦别人。

去年尚磊进货时差一笔资金，其实和亲戚朋友张口也能借到，或者拖欠一下合作厂家也可以，但他还是想办法从银行申请了一笔贷款，用他自己的话说：“我只估计到生意盈利的情况，没有考虑如果亏损怎么办，如果到时生意不好，拿什么还款？大家是信任我，才愿意帮我的，我不能让大家受损。”

有一位朋友是尚磊的常客，尚磊便主动让利到最低价，而且上了新款总会让该朋友免费试用。有时，他也会邀请这位朋友一块吃饭，其间会好好感谢一下对方。就这样，该朋友不仅一如既往地照顾尚磊的生意，还主动介绍了不少新客户，尚磊的生意越做越红火，两人的关系也越来越好。

要使每颗种子都能够长成参天大树，必须要时不时地为种子浇水、除草、施肥。关系的建立也是如此，只有你平时做足了人情，多帮助别人，人际关系才会好，关键时刻才有人帮。

信用卡一旦透支无法偿还债务，很可能会被银行起诉，甚至去坐牢。相信，大部分信用卡破产的人都不是故意的。那为什么还是有人做傻事呢？只不过是他们只想着自身的便利，只想着把自己的成本简化，利益效应最大化，却从未想过别人，忽略了别人的需求，也没有互惠互利的概念。

好的关系是一种良性互动，需要在双方的付出与回馈中不断循环反复。真正懂得进退的人都应该明白，“礼尚往来”是一种必需，你送我东西，我肯定也要还你。因为对方有“惠”于我们，所以我们必须还之以“惠”。收了他人的人情，要还的就是这份“人情债”，为的就是使双方付出均等。

陆小姐是位初出茅庐的青年女演员，虽然她演技很不错，但是对时尚却不在行，形象一直普普通通，知名度也比较低，认识她的观众很少。如果她想要有更好的发展，就需要有人为她包装和宣传以扩大名声。可是要做到这一点，需要很多的资金，也需要时尚资源，陆小姐一直为此忧心忡忡。

一次偶然的机会，陆小姐遇到了琴女士，琴女士开办了一家小的经纪公司，她不但精通公共关系业务，而且拥有非常好的人缘。但让她烦恼的是，没有演员愿意与她合作，毕竟她的公司刚刚成立，没有名气，因此平时只能靠一些小单子维持，直到她遇到了陆小姐。

琴女士很看好陆小姐的发展潜力，而陆小姐又需要一个经纪公司为自己打造形象和名声，就这样两个人成为合作伙伴。

其间，琴女士对陆小姐进行了形象设计，通过发型、衣着、妆容等，让陆小姐的形象变得突出，气质变得出众。之后，又通过一番宣传操作，陆小姐的身价大增，而琴女士的公司也因为有了陆小姐的成功案例，在业界留下了不凡的名声。

之后，琴女士给陆小姐介绍了不少资源，陆小姐从琴女士的公司购买了一部分股份，两人的业务往来越来越多，在合作中各取所需，既满足了自己的需要，同时也满足了对方的需要，互助使她们同时迈上了成功的台阶。

这，就是互惠互利。

任何时候，良好的交际关系应该是既要讲感情也要讲功利的，要使双方的需求和需求的满足保持平衡，才能让彼此的关系更加牢靠。

当然，这里不仅是指物质的、外在的用处，还指精神的、内在的用处。比如，真诚的关怀、给予信任、表达感激等，重要的就是让对方从你这里有所得，有所益。

强人所难，怎么能愉快地做朋友

生活已经不易，就不要互相出难题。

君子不强人所难，不为难即是尊重。

“己所不欲，勿施于人。”这句话相信每个人都耳熟能详，简单解释就是，当你要求别人做什么时，首先自己本身也愿意这样做。你自己不愿做的事，就不要强迫别人去做。这句话听上去简简单单，却囊括了多少矛盾的根源。人与人相处，若关系不和，主要根源就在“为难”二字上。

老秦和老许是同学，关系一直不错。一次，老秦得知老许的一位亲戚在当地的教育局工作，而且职位不小，于是把老许找出来，请他吃了顿饭，在饭桌上说：“老许，我女儿是特岗教师，在山区做了一年多了。听说你有亲戚在教育局做领导，拜托你帮个忙，让那亲戚把我女儿调到城里工作吧。”

老许显得很为难：“虽然说我有亲戚在教育局工作，但是这事我可做不了主，毕竟我又不是教育局的领导，而且亲戚也不一定肯帮忙。”

老秦却继续坚持说：“你们不是亲戚吗？你就说我女儿是你的干女儿，你让那亲戚帮你一个忙，这样不就得了吗？”

“这不太好吧……”老许沉吟着。

“你总得试试吧，你也知道，我就这么一个女儿，实在希望她能留在身边工作。”老秦在一旁不停地劝说，说着说着还擦起了眼眶。

老许面露难色，犹豫了很长时间。虽然很不情愿，但最终答应试一试。

几天后，老许和亲戚把这个情况说明了，亲戚解释说特岗教师都有规定的工作年限，这是硬性规定，实在没有办法帮忙。老许一听，不再坚持，接着又把这一情况转告老秦。

没想到老秦认为老许没有尽力，立即拉下脸来说：“你怎么不帮着好好劝一劝，不看僧面看佛面，他不可能不给你面子呀。实在不行我们送礼，十万八万都没有问题，让他帮着疏通疏通关系也好。”

“这可要不得。”老许吓得直摆手，“这明摆着是让人家违法违纪，我帮了你就是害了人家，我总不能为了你把人家往火坑里推吧？”

“真不够朋友。”老秦说罢扭头便走了。

从此以后，老许和老秦再也没有往来了。

老秦只从自己的利益出发，根本不在乎别人有什么困难，自己有事相求就要求别人非答应不可。老许极不情愿地答应帮忙，但因为力不能及，最后没有顺利帮老秦解决问题。老秦不但不感激，反而认为老许没有尽力，抱怨连连，这实在让人无法接受，最后他们的关系断了也是正常不过的事。

生而为人，每个人都有自己的一些原则和底线，在这一方面，没人喜欢被别人否定和侵犯。在不违背道德底线的前提下，认可别人的原则和底线，不为难即是尊重。倘若自己做不到或不想做的事情，硬推给他人，是对他人的伤害。即便对方出于好心帮了你，关系很可能从此发生转折或终止。

人与人之间的感情原本就很脆弱，生活已经不易，就不要互相出难题。自己不想做的事情，别推给别人做；自己做不到的事情，也不要要求别人能做到。凡事换位思考，多站在别人的角度考虑问题，在合适的范围内向人求助，这样既不会为难别人，也不会让自己难堪，就是皆大欢喜。

有一次，岳野在一个窗口排队买火车票，因为临近十一国庆节，购买火车票的人非常的多。岳野等了将近二十分钟，好不容易排到了队伍前面。

这时一个女孩从队伍后边走过来，她看起来很焦急，气喘吁吁地和队伍里的人询问着："你好，我乘坐的火车马上就要开了，我能不能插一下队？拜托了。"

大部分人的反应都很平淡，毕竟大家都在赶时间，还有人直接怼道："赶时间为什么不早点出门？我们也赶时间。你想插队不要问我，要问我后面的所有人同不同意。"

"我真的来不及了。"女孩跺着脚。岳野看女孩快要急哭了，将她叫到跟前："你来这吧。"

"你这人不能这样呀，"有人立即跳出来指责道，"谁不赶时间？"

"这个道理我懂，我的车还有一小时才到，我可以再等等。"说完，岳野把位置让给女孩，然后自己主动走到队尾重新排队。

为什么岳野要这样做？

允许女孩插队是岳野的善意，但同时岳野也考虑到了后面的乘客。排队是一件十分辛苦的事情，有的乘客可能抱着孩子，手中还有大大小小的行李，有的乘客可能本身时间也十分紧张。在允许别人插队的时候，坑了后面的排队者，麻烦大家的行为实在是不值得提倡的。

而主动走到队尾重新排队，这相当于岳野把自己先取票的机会让给了女孩，而不是替后面排队的人做主，分一点时间让女孩先取票。

在与人交往中，在处理事务上，不让别人为难的人能够推己及人，站在自己的立场上考虑别人的感受、别人的想法，而你对他人的理解和体谅，一定能换来对方善意而友好的回馈。懂得进退犹如一缕温暖的春风，弥漫了自己的心田，也芬芳了整片土地。君子不强人所难，不为难即是尊重。其实，只要稍微设身处地为别人想想，就不会把那些让人为难的要求抛给对方。因为真正的好关系，不会为难你，也不忍心为难你。情谊之所以珍贵，就是因为在这份情感里，还暗含着对彼此的理解和体恤。因为理解，所以不会让对方为难；因为体恤，所以不会拿道德和感情绑架对方。

插手别人的人生要负很大的责任

最好的关系是什么？就是给予适当的建议，但不参与对方的生活。

生活中我们经常会遇见控制欲过强的人，他们往往有如下表现：不停地给别人提要求，认为别人应该按照自己的要求来；习惯性地喜欢评判别人，你这么做是对的，那么做是错的；喜欢拿自己的标准去衡量别人，将自己的意志强加在他人身上……

这样的人也许是出于好心，但更多是没有界限感的控制欲。获得对另一个人的控制会有一种虚假的权力感，或片刻的满足。但对于被控制者，则会产生压迫感、压抑感和窒息感。你会觉得你的存在好像总是面临某种威胁，你不可以舒展地做自己，你的好坏对错完全掌握在另一个人手里。

这种控制与被控制的关系根本不能长久，只会创造一种基于恐惧和分离的关系。

晓楠最讨厌别人说的话就是“关你什么事”，一听到这话她就感觉自己的一腔热血都喂了狗了。但她特别喜欢当没有界限感的“人生导师”，有时候真是让人忍无可忍。

看到身边的朋友因考虑事业或经济拒绝二胎，晓楠就会忍不住劝说：“怎么还不要二胎？再不生就晚了！”“一个孩子太孤单了，两个孩子有个伴”……

过年的时候见到侄女，晓楠就开始大呼小叫：“你都多大岁数了，还不结婚？不要太挑剔了。我给你物色了几个男孩，趁着这段时间有空你赶紧相相亲。”

邻居家的儿子辞职自己创业，晓楠也要赶上去发表一番言论：“你那小子好好的事业单位不待着，为什么非要辞职去做生意？要是我，才不会这么顺着孩子！”

……

每一次的苦口婆心，别人不但不领情，还对晓楠很反感，关系越来越远。其实别人的做法情有可原，晓楠看似热心的言行，说白了是对他人的一种冒犯。她的建议没有站在当事人的角度考虑出发，而是拿自己的标准去衡量事情，仅凭自己的感受横加评价，只会显得自己非常浅薄和无知。

晓楠需要明白的是，对于别人的人生，你只能给予建议，永远不要去插手。

无论你们的关系有多好，坚守彼此之间的界限，不轻易判断，不妄下结论，信任并尊重对方的选择，这才是维护感情最好的方式。

说到底，这个世界上不外乎就是三件事——自己的事、别人的事和老天的事，其中自己的事就是自己能安排的事情，别人的事就是别人主导的事情，老天的事就是我们能力范围以外的事情。这三件事已经清晰划分出了一种界限，提醒我们：管好自己的事，少管别人的事，不操心老天的事。

以前，我总希望做别人人生电影的主角，甚至导演。那时候少不更事，比较自负，本着“当局者迷，旁观者清”的观点，总喜欢绞尽脑汁帮别人出主意，你应该怎么做怎么做之类的。当时觉得，为一个人好，就是对方的所有事情你都应该掺和，给对方我们所能想到的任何建议和看法。

后来发现，问题就在这里：别人的事情自己不曾了解或经历，往往很难看到全貌，却以管中窥豹的角度去帮他们分析，得出的结论必然是片面的。

印象最深刻的例子，就是高一时一位朋友询问我该选择文科还是理科。当时我很难察觉到自己的兴趣所在，模模糊糊感觉理科似乎更有前途，毕竟当时流行的一句话是“学好数理化，走遍天下都不怕”。而且，理科背诵的东西比较少，以后的就业范围也比较广。于是，我建议同学选择理科，但我却忽略了，这位同学喜欢诗词，私底下拼尽全力学习物理，才勉勉强强及格而已。

选择了理科之后，这位同学学习更吃力了，自信心受到沉重打击，甚至自我怀疑。好在，他及时和老师反映了情况，转到了文科。

自此，我不再轻易掺和别人的事情，生怕自己给对方造成误导和伤害。

就在上个月，大学同学、新晋宝妈程蝶让我帮着出出主意。事情是这样的，程蝶怀孕后就辞职在家养胎，现在孩子半周岁了，有家公司向她抛出“橄榄枝”，待遇好，工资高，但她却有很多顾虑：“这份工作会不会经常加班？能不能兼顾到孩子？”“婆婆能照顾好孩子吗？万一老人有个头疼脑热，到时孩子怎么办？”……这些顾虑一直在她大脑里绕来绕去，绕得她不知所措。

“我到底该怎么办？”程蝶问我。

我是真心想帮助程蝶，但也深知，万万不能随便给出建议。

认真考虑一番后，我告诉程蝶：“工作还是家庭，从来都是一个问题。选哪个都觉得有亏欠、有损失，尤其是职场妈妈，一边家庭一边事业，确实难以兼顾。不过，你最好好好问问自己，你更希望在见证孩子的成长中获得满足，还是想通过事业实现个人价值。想通了，这个难题也不难解了。”

我们生活在同一个空间，却有着不同的价值观、人生观等，无论是友情，还是亲情，抑或是爱情，借着“为你好”的名义去插手别人的人生都是不理智的。

为什么有些人喜欢插手别人的事情？归根结底源自控制欲。

控制欲过强的人内心是充满冲突的，他们不愿去触碰自己弱小、脆弱、无助的部分，所以经常采用控制别人的防御机制回避自己的问题，而通过控制别人所获得的满足感和成就感，可以让他们证明自己是个强大、有力、有魅力的人，摆脱内心的不安感——一个控制狂的背后往往是安全感的丧失。

比如，有些领导要求员工对自己必须言听计从、毕恭毕敬，这种控制的背后是对自己能力的不够自信，甚至恐慌。但结果往往是，对于别人巨大的控制，往往容易激发别人的反抗，导致失控。

如何解决自己过强的控制欲?

如果内在的恐惧不被解决，控制欲就会让人永无宁日。除非你能把眼光收回去，不再过多关注别人，而是面对自身的情绪和情感。问问自己："为什么我希望去改变别人？""我到底在害怕什么？""他那么做触动了什么，让我产生了什么感觉？"直面问题，你才可能摆脱它，克服它。我们越是停止控制他人，越能创造充满和谐的关系。

能花钱搞定的事，就不要欠人情

宁借黄金千两，不欠人情一分。世间只有“人情债”最难还，因为它无法量化，没有原则，不能等价。

我有个朋友，很喜欢找人帮忙，再小的事情也要找熟人。他喜欢喝酒，喜欢交朋友，仿佛哪里都认识人，到哪里提他都“好使”。就算是你要买把螺丝刀，他也得打电话给认识的五金店老板，再让你过去买。便宜不便宜不知道，但熟是必需的。

最夸张的一次，周末老师布置了几份试卷，是用图片发到手机上的，他开了好长时间的车，专门到我家打印出来。我没好意思问，但心里想着：“开车过来的油钱，恐怕都能打印几十份试卷了。”

可他不这么想。如果你以为他是靠这种方式维持人际关系，那就大错特错了，他就是纯粹喜欢找人帮忙，且乐在其中。

当然，如果你有事找他，他也会出手相助。前两年，这位朋友买房钱不够，找堂叔借了几万元钱，后来虽然还了，但堂叔没要利息，他也什么都没说。过了段时间，堂叔的儿子犯事了，让他帮忙疏通一下。

按常理来说，这种事他应该很乐意才对，可他却犯愁了。这事往小了说，就是找关系帮帮忙，往大了说，那是违法犯罪，搞不好要进去的。他找了个理由想随便搪塞过去，他堂叔不乐意了，指着他鼻子一通大骂，什么“狼心狗肺”“忘恩负义”，要多难听有多难听，甚至以死相逼。

这就是人情债，它是没有原则、不讲道理的。因为衡量的标准只有一个：我帮了你，你无论如何都得帮我。老话说：“人情大似债，头顶锅儿卖。”人情债不光难还，有时候还会要命。

战国时，大将吴起手下有个士兵身上长了脓疮，他亲自用嘴把脓给吸了出来，把士兵们感动得一塌糊涂。没过多久，这位士兵的老母亲听说了这件事，立刻痛哭起来。有人问她：“你儿子得到了将军的赏识，你为什么还要哭呢？”老太太说：“当年他父亲也在吴起手下打仗，吴起也给他吸过脓疮，后来他就战死了。”

人际关系的本质就是资源置换，就是对金钱、人情、时间等不同形式的资源进行交换和再分配。而人情债是一种属性很模糊的资源，相比金钱来说，它是无法量化的。

金钱是一种普遍等价物，具有明确的价值标准和交换功能。在现代社会，金钱是资源流动的主要媒介，能够快速、高效地解决很多问题。用钱购买服务、解决问题，过程简单明了，双方各取所需，彼此之间没有太多的情感负担。

人情则是一种社会资本，涉及感情、信任、义务等复杂因素。欠了人情之后，不仅需要在某个时机偿还，还可能需要更多的时间、精力和情感投入。人情债不同于金钱债务，它往往没有明确的偿还期限和标准，容易形成负担和压力。

从效率方面来说，用金钱解决问题，通常比求助于他人更高效。无论是请人帮忙办事，还是让朋友提供某种服务，都会涉及协调时间、沟通细节、反馈结果等多个环节，而金钱交易则简单明了，节省时间和精力，提高办事效率。当然，我们的前提是能用钱解决的问题。

在决定是否用金钱解决问题之前，我们需要明确问题的性质和重要性。如果问题涉及紧急需求或专业服务，用金钱解决可能更为合适；如果问题涉及长期的情感维系或信任建立，人情可能更为重要。

评估用金钱和人情解决问题的成本，不仅包括经济成本，还包括时间、精力和情感成本。通过综合评估，选择成本较低、效果较好的方式来解决问题。如果万不得已需要找人帮忙，也尽量用其他方式进行偿还。比如，借了亲戚朋友的钱，在还钱时自觉给人家算上利息，这就不算人情债。别人帮了忙，如果不接受金钱报酬，就换成等价的礼物给人家送过去。最好是方便折现的“硬通货”，比如名牌烟酒。借了别人的车（尽量不要借人家的车），记得给人家把油加满，最好能付上一笔租车费用。朋友不接受，就换成现金放在车里，你要是想给，有的是办法。

只有这样，和人交往时才能够形成良性互动，不给人家留下“喜欢占便宜”的印象。很多时候，朋友之间的关系，都是因为一些细枝末节的事情恶化的。有一个朋友在美容院上班，前几个月考核业绩，一张体验卡 98 元，老板给她返利 80 元。她到处找人帮忙办卡。一般来说，这种事情都要先把钱给人家发过去，最好能发个整数。可她不，就要等老板把钱返回来之后才给别人。就这么一件小事，得罪了不少人，最后还一分钱没少地全都给了出去。究其原因，就是她把别人帮忙当成了天经地义的事，丝毫没有意识到，别人帮忙是出于好心，不帮忙才是天经地义的。

金钱可以解决很多实际问题，但人情却是维系社会关系的重要纽带。我们需要在合理运用金钱的同时，注重人情的积累和维护。通过用金钱解决实际问题，可以让人情保持其应有的纯粹性和价值。

在人际交往中，还有一个很关键的原则。买东西时，便宜的到熟人店里买，这样可以多刷“存在感”，让他在印象中认为你经常照顾生意，不知不觉中就积累了人情。贵的东西要找不认识的人买，这样不仅方便砍价，出了问题也好说。

在人际交往中，金钱与人情的平衡是动态的。我们需要根据具体情况和对象，灵活运用这两种资源。在紧急情况下，金钱可能是更好的解决方案；在长期关系中，人情则显得尤为重要。通过动态平衡，可以让我们在人际交往中游刃有余，保持良好的关系和合作。

在正确的时间要用正确的人情

很多人，很多关系都只有一次开口的机会，从此之后，便只能老死不相往来。好钢一定要用在刀刃上。

几乎所有古代的名门望族，都会把行善积德作为家族的教条，一代又一代传下去。比如，曾国藩就经常在信中告诫子侄：“为善最乐。”又说：“善之当为，不善之宜去。”大意是一件事，你觉得是善事就去做，觉得不是善事就不要做。有人会说，曾国藩一生坏事做尽，双手沾满鲜血，人送外号“曾剃头”，怎么能和善扯上关系？

这话也没错。曾国藩攻入天京之后，大肆屠杀城中百姓，“各王殿府馆自焚者十之三，被焚者十之七”，湘军攻打江西九江时，曾屠杀城中两万多俘虏。“安庆保卫战”太平军失利后，曾国藩曾下令“大索三日”，“通计前后杀毙援贼、城外垒贼、降贼及城中之贼实有四万余人，军兴以来，杀劫此为最重”。从这一点来说，曾国藩确实算不上什么“善人”。

然而，关于善与恶，这个账绝不是这么算的。曾国藩说的善，是对周围人或者周围百姓的善。比如，曾国藩在信中告诫家人：“我家既为乡绅，万不可入署说公事，致为官长所鄙薄。即本家有事，情愿吃亏，万不可与人构讼，令官长疑为倚势凌人。”大意是自己位高权重，让家里人不能去县衙打官司，这有仗势欺人的嫌疑。

对周围人善，能攒下人情，换来好名声。任何人都无法保证自己一生都能够一帆风顺，尤其是身居高位的人。曾国藩和其他类似地位的官员对此非常清楚，我们当然也清楚。“旧时王谢堂前燕，飞入寻常百姓家。”这绝不是一时一地发生的事，而是随时随地都会发生。而做善事，实际上就是广撒网，在自己不缺钱、不缺能力的时候，把人情“撒”出去，等到自己万一落魄了，只要有一部分人情能收回来，就算值了。这其实是一种兜底的措施。

比如，《红楼梦》中，刘姥姥进大观园，王熙凤给钱，贾宝玉给钱，贾母也给钱，得到的好处，足够她们一家舒舒服服过一辈子。这些钱财，对于当时的贾府来说就是九牛一毛。后来贾府破败了，刘姥姥知恩图报，拿着钱回来报恩，这就是做好事的价值。有人可能会说，那刘姥姥要是不懂得感恩怎么办？其实这也是概率问题，撒出去成千上万，总有几个有良心的。曾国藩的恩师穆彰阿也是一样。当年他是皇帝面前红极一时、权倾朝野的人，后来破败之后，家里的后人都是靠着曾国藩养活的。

而对敌人之所以恶，是因为他们没有任何利用价值，所以“不配”成为人情的载体。或者说，对于曾国藩来说，这些人死了比活着有用，因为可以换取军功。

现在，让我们给人情一个定义。人情，是指在社会交往中，人与人之间通过情感、礼仪、互助等形式所建立和维系的关系。它不仅仅是礼貌和善意的表现，更是一种社会资本，具有潜在的回报和增值效应。

人情包括两个要素，首先是单方面的付出，其次是回报的可能性。所以，在人际交往中，要有意识地去攒人情，把“蓄水池”建起来，等到用的时候才不会“抓瞎”。

攒人情的方式有很多种，最简单的就是帮忙。在别人需要帮助时，主动伸出援手。不论是工作上的建议、生活中的帮助，还是在困难时的支持，及时提供帮助都会让对方感受到你的诚意和善意。

如果是借钱，要把握“借急不借穷”的原则。“借急”就是在别人遇到紧急情况时，给予资金上的帮助。例如，突发的医疗费用、意外事故、临时的经济危机等。这类情况一般都是短期的，解决当前的急需问题后，对方通常会有还款能力。“不借穷”，就是在对方长期陷入贫困或没有还款能力的情况下，避免借钱。这种情况下，借钱往往不是解决问题的根本办法，反而可能导致双方关系的恶化。

在帮助他人时，不要总是想着得到回报，或者说，不要短时间内就要求回报，这是致命的短视。如果你决定帮助他，不要一开始就出手，因为一来你无法确定对方还有没有其他办法，或者对方自尊心很强，贸然提出会让人觉得被轻视。二来只有在对方最困难的时候出手，价值才能够最大化。

再有就是要多参加社交活动，认识不同领域的人。无论是公司内部的聚会、行业会议，还是朋友的聚会，都是拓展人脉的好机会。但是，这里面有很多都是无效社交，区分的方法就是利用价值。这句话虽然说出来不那么“政治正确”，但却是现实。这里说的价值，除了物质之外，还有情绪价值，比如能一起聊天的好朋友。我们的时间和精力有限，如果对方没有任何价值，不如一开始就不接触。

与其认识很多人，不如深入经营几段重要的关系。和少数几个人建立深厚的友谊，比泛泛之交更有助于积攒人情。定期与这些朋友保持联系，了解他们的近况，保持互动，就算是朋友圈点点赞也可以，让人家能意识到还有你这个人存在。定期组织一些小聚会或者活动，让朋友和家人有机会聚在一起。这样的活动不仅能增进感情，还能让你在人际关系中更加活跃。人情要靠平时日积月累的维护，而不是“临时抱佛脚”，这样只会让人反感。

什么时候用人情，如何用也是有讲究的。很多关系都只有一次开口的机会，尤其是当对方身处高位时，因此，一定要在遇到自己无法解决的问题时再开口寻求帮助。

在找人帮忙时要牢记。首先，别人帮你不是天经地义的，要懂得感恩。去的时候不要空手去，必须带上礼物。至于价值，一定要让对方看得出你的诚意。这不是钱的问题，而是尊重的问题。

在请人帮忙时，不要一味强调自己的困难和不易。而是要说明白四个问题：

第一，你已经用完了所有办法，实在不知道该怎么做才找对方的。

第二，让对方明白，你是一个知恩图报的人，就算当下你没有能力回报，日后有机会也会回报。

第三，平衡利益和情感。要谈交情，但不要只谈交情。把感情挂在嘴上，对方会觉得你在“绑架”他。不提感情，会让人觉得你是在做买卖，心里难免不舒服。

第四，办完事之后，许诺的条件一定要在第一时间兑现，不要拖延。

很多人说，中国是人情社会，小城市尤其如此。一个涉世未深的年轻人，可能对人情世故嗤之以鼻，但一个经受过社会“毒打”的人，大概率会改变自己的观点。毕竟，中国几千年，一共才出了几个“陶渊明”？

人情不仅是一种社会资本，更是一种生活态度。在人际交往中，能够在正确的时间用正确的人情，是一种生存的智慧和艺术。